古代美術史研究

四 編

第 6 冊

方寸間的律動
——析論唐代玉製腰帶具文化功能的變革

劉榮貴 著

花木蘭文化事業有限公司

國家圖書館出版品預行編目資料

方寸間的律動——析論唐代玉製腰帶具文化功能的變革／
劉榮貴 著 — 初版 — 新北市：花木蘭文化事業有限公司，2019
〔民 108〕
目 6+166 面；19×26 公分
（古代美術史研究 四編；第 6 冊）
ISBN 978-986-485-194-2（精裝）
1. 腰帶 2. 文化研究 3. 唐代
618   106014301

ISBN-978-986-485-194-2

9 789864 851942

古代美術史研究
四 編 第六 冊   ISBN：978-986-485-194-2

方寸間的律動——析論唐代玉製腰帶具文化功能的變革

著　　者　劉榮貴
總 編 輯　杜潔祥
副總編輯　楊嘉樂
編　　輯　許郁翎、王筑　美術編輯　陳逸婷
出　　版　花木蘭文化事業有限公司
發 行 人　高小娟
聯絡地址　235 新北市中和區中安街七二號十三樓
　　　　　電話：02-2923-1455／傳真：02-2923-1452
網　　址　http://www.huamulan.tw 信箱 hml 810518@gmail.com
印　　刷　普羅文化出版廣告事業
初　　版　2019 年 3 月
全書字數　110089 字
定　　價　四編 23 冊（精裝）台幣 66,000 元

方寸間的律動
——析論唐代玉製腰帶具文化功能的變革

劉榮貴　著

作者簡介

劉榮貴，台中逢甲大學歷史與文物研究所畢業，在學期間跟隨李建緯教授從事中國古代玉器研究，曾參與台中市萬和宮文物陳列室文物普查工作。2016 年獲來台客座北京人民大學考古文博系魏堅教授推荐，參加中國北京科技大學 11 月於北京舉辦之「第六屆北京高校研究生考古論壇」並發表碩士論文，會後評選獲頒該屆 10 篇「優秀論文獎」之一。2017 年獲中國北京聯合大學文化遺產保護協會邀稿，發表碩士論文於《文化遺產與公眾考古》雜誌 2017 年第 4 期。

提　　要

　　中國玉器文化歷史悠久、博大精深，其傳承與發展至戰國及兩漢時期達到顛峰，在內涵精義上素以「比德於玉」為要，紋飾則趨於禮天、祭地等巫筮、神怪之氣，刀法拙樸精絕、形態蜷曲怒張而氣勢昂然，其後適逢朝代更迭、征戰頻仍，玉器工藝之發展遂順勢蟄伏。

　　時序進入「九天閶闔開宮殿，萬國衣冠拜冕旒」大唐盛世，適值中西文化交流巔峰，玉器工藝之內涵、工法、紋飾等產生巨大變革，內涵擺脫前朝巫筮、神怪之風，積極引入西方人本價值思維。工法上採斜刀下壓、剔地隱起之技，襯以細密短淺陰線紋，鉤勒線條流暢且氣韻生動。紋飾廣納自然生態，舉凡植物、動物、人物等寫實之像無不一一入鏡，其中玉製腰帶具更以方寸之體融會貫通。

　　唐代師法北方草原民族以鞓帶、帶扣、帶銙、鉈尾組合建構之蹀躞型腰帶具，取代傳統帶鉤成為服裝束繫的主要工具。此際腰帶具其材質多樣舉凡金、金玉、玉、銀等貴重金屬無不具備，素為朝廷律定文武官員品第身分之表徵，玉製腰帶具亦躍升為高階品第身分象徵之器，其紋飾融合中西元素形塑律動歡娛獨特的胡人樂舞裝飾母題，本文透過玉製腰帶具之溯源與創新發展，分就政治、文化、社會、工藝等諸多要因，逐步深入探析唐代玉製腰帶具文化功能變革上之多元樣貌。

誌 謝 辭

　　知識的學習和探索是永無止境的人生課題；公職退休之後在內人的鼓勵下，進入研究所修習歷史與文物的專業課程。當指導老師李建緯教授在課堂上探討唐代玉器議題時，似乎頓時開啟自己撰寫這篇論文的靈感，其後經過多次和教授反覆討論之後，終於確定這個研究衝刺的終極目標。

　　在撰寫這篇論文的過程當中，除了感謝指導老師李建緯教授不時的提醒和教誨，也要感謝王志宇前所長和現任王嵩山所長，以及所內的其他師長，在各門專業課程的學習上適時給予必要的建議和鼓勵。還要特別感謝北京大學齊東方教授，在校客座教學期間，對於論文研究內容的不吝指導。而所謂：「三人行必有我師」，同儕們的相互切磋和砥礪，這些全部都是支持我努力完成這篇論文的信心和動力，感謝大家。

　　在撰寫論文的過程中曾赴大陸陝西暨西安博物館，近距離探視唐代玉製腰帶具及其他玉器的真貌，並蒐集相關的資訊和書籍；在這趟學習旅程當中，特別感謝指導老師李建緯教授的居中聯繫，並透過鄧淑蘋教授、北京大學齊東方教授的引薦，在西安博物館得與「北周隋唐京畿玉器」作者，也是研究唐代玉製腰帶具專家劉雲輝先生會面和晤談，雖然探討的時間短暫但似已「勝過十年書」，其後復蒙劉雲輝先生提供相當寶貴的玉帶拓片資料，適時補充日後論文撰寫上的靈感與內容，一併感謝所有提供協助的師長們。

　　最後感謝口試委員黃翠梅教授、盧泰康教授，對論文內容的指正和建議。「學海無涯、唯勤是岸」，碩士論文的順利完成並非學習的終點，而只是學習過程中的短暫歇息，眼見所有師長們都仍然堅守於知識學習的領域當中，學生自己當然也要持續的努力和精進，再次感謝諸位師長的哉培和教導。

中華民國一百零五年七月・榮貴於台中敬筆

目

次

表目錄

第壹章 緒 論

第一節 研究動機與目的

向達在《唐代長安與西域文明》一書敘言中論及：

> 李唐一代之歷史，上汲漢、魏、六朝之餘波，下啓兩宋文明之
> 新運。而其取精用宏，於繼襲舊文物而外，並時采擷外來之精英。
> 兩宋學術思想之所以能別奐新彩，不能不溯其源於此也。〔註1〕

以此開宗明義的點破唐代在文化發展上，承襲、汲取、融合、傳播的宏偉成就。

上述唐代這種繼往開來的文化盛況之中，「陸上絲路」及「海上絲路」的開闢和暢通，應是「采擷外來之精英」成功的重要關鍵因素。盛唐詩人王維曾詠詩讚嘆：「九天閶闔開宮殿，萬國衣冠拜冕旒」，就是說明當時首都長安城的大明宮內，因爲國威遠播而形成了萬國來朝的浩蕩局面。另一方面南方最重要的廣州商港，也因爲海路貿易的昌盛而擁有「萬帆雲集」的繁榮盛景。如此憑藉著陸、海的都會和要港，儼然型塑出各類民族的大熔爐，非華夏族裔的域外人士摩肩接踵於京畿，外邦的異域文化、奇風異俗等充斥於市集，在這種繁盛外來文化的互動、衝擊之下，唐代各類的工藝技術的發展當然也欣欣向榮，舉凡金銀、玉石、陶瓷、織繡、印染等等工藝，在形制、紋飾、工法之中無不溶入了濃郁的異國風情，進而呈現出中西合併的大時代藝術風範。

〔註1〕 向達，《唐代長安與西域文明》（河北：河北教育出版社，2001），頁3。

—1—

　　唐代的玉器工藝雖然傳承奠基於前朝之遺風，然在西風東漸的影響之下，自然也出現異於傳統而順乎潮流的嶄新變革；其功能意義已不再侷限於禮天、祭地等巫筮、神怪傳承之風，內涵精神也逐漸淡化「比德於玉」的君子風範，進而蛻變成為世俗、實用之器。此際；一種原生於北方草原民族所慣用的蹀躞帶具（係由鞓帶、鑲嵌於帶上一端或兩端形如圭狀的尾、連結佩帶所用的帶扣、鑲嵌在帶身上的片狀牌飾等四個構件所組成，圖一、二），〔註2〕以其原生具有的機動實用性，透過文化交流互動的途徑，漸次地取代了中原行之已久之帶鉤，成為日後長時期中腰帶具的主要模式，〔註3〕並正式的登堂入室作為唐代高級官員常服上律定之束繫用具。

圖一、西安何家村窖藏出土九環蹀躞玉帶

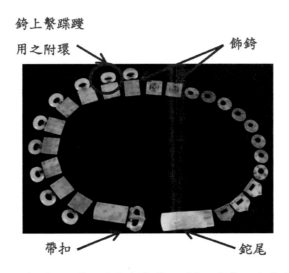

圖片來源：劉雲輝，《北周隋唐京畿玉器》，重慶：重慶出版社，
2000，目錄 74。

〔註2〕河北定縣出土北魏石函中的銀帶扣、懸環銀方銙和長方形銀鉈尾，係南北朝以後中國帶具過渡到蹀躞帶重大變革中，目前已知最早出土的帶具。孫機，《中國古輿服論叢增訂本》，（北京：文物出版社，2001），頁 274。

〔註3〕蹀躞係指帶鞓上垂下來的繫物之帶，而垂蹀躞的革帶即稱為蹀躞帶，但繫蹀躞之前需先在鞓上裝銙，銙上附環，蹀躞乃繫於附環之上。隋與初唐時期所繫的蹀躞較多，盛唐以後漸少，中晚唐時期許多革帶上已不繫蹀躞而僅剩帶銙。孫機，《中國古輿服論叢增訂本》（北京：文物出版社，2001），頁 269～274。

圖二、唐高宗乾陵神道右側腰繫蹀躞帶之六十一蕃臣石像

圖片來源：筆者自拍於唐高宗乾陵神道，2015.05.28

　　然而唐代對於腰帶具材質的選取，除了蹀躞帶具原生使用金屬材質（尤其是黃金元素）之習慣，更入境隨俗的迅速融入中原「美玉」的元素，就此；原本以機動實用性為目的之蹀躞帶具，亦發展出兼具身分表徵性的寶鈿帶（唐律中亦稱為起梁帶或玉梁帶，係結合金、玉、寶石等元素的多種複合型腰帶具）、金玉帶、玉製腰帶具等多樣類型，並迅速透過朝廷律令的訂定，一舉跳脫了世俗、實用的框架限制，並且傳承於後續繼任王朝成為長期定著不變的服飾機制。

　　其中純由「玉」質組裝的腰帶具，則是創新的建構前朝所未有的玉器工藝典範，其在裝飾母題上除了花卉、獅紋、其他人物紋等，充滿唐代盛世下世俗化風情的多種樣貌以外，胡人樂舞裝飾母題更是充分展露大唐帝國在中西文化交流、互動議題上，積極呈現高度文化包容的泱泱風範。

　　筆者循此研究方向與議題，深入梳理、統整唐代各期墓葬和窖藏出土的各式腰帶具，發現許多尚待研究和釐清的特殊現象，諸如：唐代律令明文嚴格規範使用玉製腰帶具的身分階級關係，然在實際比對文物出土的數量，玉製腰帶具出土於墓葬的數量卻明顯少於窖藏？玉製腰帶具飾塊上碾琢帶有濃厚異域風格的胡人樂舞裝飾母題，其出於窖藏或墓葬的數量，亦均高於其他類型的裝飾母題？腰帶具其用玉、用金或金、玉、寶石併用，於律令上如何

區分和界定實際使用之時機？唐代這些類型腰帶具是否傳播與影響後繼朝代之使用？諸此種種環繞於唐代玉製腰帶具周遭的特殊議題，其所涉政治運作、文化背景、價值系統、工藝技術等諸多潛藏的影響因素，究竟對於唐代玉製腰帶具的文化功能，產生那些程度性的影響和變革，均相當耐人尋味且值得更深入去探討和研究。

　　本文研究動機與目的，乃著眼於上述諸多問題思考的基礎上，透過玉製腰帶具出土於墓葬、窖藏中的原生脈絡，謹慎的探索尚塵封於文物深處亟待解密的細節，希冀鋪陳玉製腰帶具在唐代飾玉文化功能變革中所呈現的多重面向。

第二節　文獻回顧

　　本節將就文獻、史料及學者對於唐代玉製腰帶相關議題之規制和研究，區分史料記載、歷史通論、服飾研究專書、玉器研究專書、玉製腰帶具專論等五大部份，藉以耙梳和回顧相關重要的論述和研究成果，希藉由前輩專家、學者探究的邏輯和方法，試為進一步的梳理、釐清本文所關注的各項特殊議題。

一、史料記載

　　唐代史料記載可概分為正史（新、舊唐書等）和野史（小說、筆記）兩大主軸；出土文物如果可以通過正史的比對和驗證，當然可以取得一定的信度基礎，但是正史的記載卻僅止於官方資料或朝廷說法，舉凡民間習尚、社會風情或是藝術、工藝技法等資訊，均鮮少能羅列而透過史官如椽之筆以登大雅之堂。然正史之記載或受當權者之約制、或受史官個人主觀意識所困，偶有失之偏頗、闕漏不足之處，則唯有求之於野亦即透過非官方的野史，藉以進行匡漏和補正。唐代諸多精彩多樣的筆記、小說等稗官野史，其正足以作為旁徵博引、糾謬補闕的重要佐證資料。〔註4〕此兩者之間的運用關係試例舉說明如下：

〔註4〕　丁如明例舉陳寅恪曾援引《楊太眞外傳》、《南部新書》等非正史資料，參證了《新唐書・玄宗本記》所載揚貴妃於開元二十八年入宮的可信性，藉以糾正《資治通鑑》中所書天寶三年之錯誤記載。（五代）王仁裕等撰、丁如明輯校，《開元天寶遺事十種》（上海：上海古籍出版社：中華書局，1985），頁3。

　　（一）正史中對於飾玉與玉帶的佩掛、銙數使用限制等有相當明確的規定，也提供出土玉製腰帶具與墓主身份對應關係的驗證基準諸如：《舊唐書‧志第二十五‧輿服》載：「……上元元年八月又制……文武三品已上服紫，金玉帶。四品服深緋，五品服淺緋，並金帶。……」〔註5〕

《新唐書‧志第十四‧車服》復載：

　　……至唐高祖，……腰帶者，摺垂頭於下，名曰鉈尾，取順下之義。一品、二品銙以金，……親王及三品、二王後，服大科綾羅，色用紫，飾以玉。五品以上服小科綾羅，色用朱，飾以金。……顯慶元年，……其後以紫為三品之服，金玉帶銙十三；緋為四品之服，金帶銙十一；淺緋為五品之服，金帶銙十；深綠為六品之服，淺綠為七品之服，皆銀帶銙九；……。〔註6〕

　　不過；律令上之規定雖然明確，然唐代在實際喪葬制度上尚有「遷葬」、「夫妻先後合葬」、「別敕葬」〔註7〕等特殊狀況，其均可能影響律令執行的信度和效度，所以；在運用正史的比對和驗證上，仍需格外的謹慎、小心以免誤植而差之大矣。

　　（二）唐代外域國家屢以玉帶朝貢，此在正史上均多有記載：《舊唐書‧列傳第一百四十八‧西戎》：

　　於闐國，西南帶蔥嶺……其國出美玉……貞觀六年，遣使獻玉帶，太宗優詔答之。……大食國，本在波斯之西。……開元初，遣使來朝，進馬及寶鈿帶〔註8〕等方物。……〔註9〕

　　這些史料記載基本上對於出土玉帶具，在玉質、產地等資料之研究，提供了相當重要之辨識基準。然如《唐會要卷九十八‧回紇》中曾記載：「……回鶻宰相並公主獻駝褐，白錦，白練，貂鼠裘。鴨頭子玉腰帶等……」〔註10〕

〔註5〕　楊家絡，《新較本舊唐書附索引三》（臺北：鼎文書局，1979），頁1952～1953。

〔註6〕　（宋）歐陽修、王祁，《新唐書》（臺北：洪氏出版社，1977年6月），頁1271

〔註7〕　所謂「別敕葬者」就是不按一般規定行事的特殊埋葬，《大唐六典‧將作監》規定：「凡喪葬，則供其明器之屬，別敕葬者，供餘並私備」，其隨葬品則依《唐會要‧葬》規定：「其別敕優厚官供者，准本品數十分加三等」。齊東方，〈唐代的喪葬觀念習俗與禮儀制度〉，《考古學報》，第1期（2006），頁63。

〔註8〕　鄧淑蘋以陝西寶嫩墓出土嵌有仿寶石玉帶，認為所謂「寶鈿帶」應該也是玉帶。鄧淑蘋，〈從「西域國手」與「專諸巷」論南宋在中國玉雕史上的關鍵意義〉，北京大學，《考古學集刊（九）》（北京：文物出版社，2012），頁411。

〔註9〕　楊家絡，《新較本舊唐書附索引六》（臺北：鼎文書局，1979），頁5305。

〔註10〕　（宋）王溥，《唐會要》（京都：中文書局，1978），頁1748。

只是目前在出土的玉帶具中並未發現所謂的「鴨頭子玉腰帶」，所以；正史上諸多記載或有缺漏不明之處，均待更多出土文物和考古研究逐一的核實驗證。

（三）關於玉製腰帶具的相關資料，除了正史之外在民間的小說、筆記中也屢有記載，如：《太平廣記・卷第二百四十三・治生（貪附）・竇義》記載：

> 扶風竇義年十三，諸姑累朝國戚。……又嘗有胡人米亮因饑寒，義見，輒與錢帛。凡七年，不之問。……亮語義曰：『亮攻於覽玉，嘗見宅內有異石，人罕知之。是擣衣砧，真於闐玉，大郎且立致富矣。』義未之信。亮曰：『延壽坊召玉工觀之。』玉工大驚曰：『此奇貨也，攻之當得腰帶銙二十副。每副百錢，三千貫文。』遂令琢之，果得數百千價。……。〔註11〕

小說和筆記非屬官方正式文書，對於文物的研究很難提供確切證據力，然若以《太平廣記》所載民間工坊碾琢玉帶以及在市集上昂貴價值的說法，比對於《新唐書・列傳第一百四十六上・西域上・於闐》所載：

> 初，德宗即位，遣內給事朱如玉之安西，求玉於於闐，得圭一，珂佩五，枕一，帶胯三百，……及還，詐言假道回紇為所奪。久之事泄，得所市，流死恩州。〔註12〕

以及《舊唐書・列傳第七十五・柳渾》載：「……時上命玉工為帶，墜壞一銙，乃私市以補；及獻，上指曰：「此何不相類？」工人伏罪，上命決死。……」等記載〔註13〕，其中論及唐代內給事朱如玉奉命求得美玉後卻「詐言假道回紇為所奪」，寧願犯欺君重罪也要將於闐帶銙中飽私囊；朝廷玉工暗求玉銙於私市以求脫罪等情事；其與正史之陳述顯然具有程度性的契合，並可提供對照和反證之用。

另；《酉陽雜俎・前集卷十四・諾皋記上》記載：「……天寶初，安思順（安祿山從弟）進五色玉帶，又於左藏庫得五色玉杯……。」〔註14〕《酉陽雜俎》所言之「五色玉帶」究係何物？係指每一飾塊自身即具有五種顏色？或係由五種不同玉色飾塊所組成的玉帶？以此檢證於 1970 年陝西西安何家

〔註11〕（宋）李昉，《太平廣記五百卷》（臺北：中華書局，1961），頁 525～526。
〔註12〕（宋）歐陽修、王祁，《新唐書》（臺北：新興書局，1968），頁 6236。
〔註13〕楊家絡，《新校本舊唐書附索引四》（臺北：鼎文書局，1979），頁 3554。
〔註14〕（唐）段成式撰、曹宗夫校點，〈酉陽雜俎〉，上海古籍出版社編《唐五代筆記小說大觀》（上海：上海古籍出版社，2000），頁 660。

村窖藏出土的諸多玉帶，確實發現白玉、斑玉、骨咄玉〔註15〕（玉色青黃，並雜以黑色斑點和白斑）〔註16〕等，多種不同玉種所碾製的帶銙和鉈尾。〔註17〕1990 年出土於陝西省西安市西郊三橋關廟小學基建工地，所出土一批零散不齊玉帶的帶銙和鉈尾，其中也兼具青玉和墨玉之別。〔註18〕

又前述典藏蕃將進貢「五色玉帶」之「左藏庫」〔註19〕，文獻上亦記載或與玄宗時期個人私庫性質的內庫「大盈庫」有關；〔註20〕顯見小說、筆記所載之內容與正史之間，確有相互交集和參照之餘地。

二、歷史通論

早期在考古工作萌芽、文物出土未豐的年代，關於腰帶具議題之探討，僅能依據學者在歷史通論中，就史料、文獻之記載而略窺一二，其中王國維和向達均應為腰帶具論述之先驅。

王國維在 1923 年出版自選文集《觀堂集林・卷第二十二・史林十四，胡服考》中，〔註21〕蒐羅歷代文獻史料說明胡服傳入中國之始末和影響，其首引《史記・六國表》申言胡服之入中國始於趙武靈王，自此舉凡「當之者由胡服之冠、帶、履知之也」，並牽動了中國服飾的發展與變遷。至於帶具、帶具飾部份；則另引《趙策》「胡服衣冠，具帶，黃金師比」，說明古之大帶、革帶皆無飾，有飾者皆胡帶也。所以帶具和帶具飾其由胡服所衍生的狀態甚為明確。到了唐代更將時服定為上褶、下袴，自此腰帶具、飾即成為當朝服

〔註15〕 唐時帕米爾西部的骨咄小國，又稱珂咄羅，為西突厥的一支，地處相當於今日塔吉克斯坦和阿富汗之間的噴赤河，曾幾次向大唐王朝貢馬。韓武，〈西安何家村唐代窖藏寶石玉器〉，《收藏家》，第 3 期（2001），頁 6。

〔註16〕 奕秉璈，《古玉鑑別——下》（北京：文物出版社，2008），頁 552。

〔註17〕 陝西省博物館、文管會、革委會寫作小組，〈西安南郊何家村發現唐代窖藏文物〉，《文物》，第 1 期（1972），頁 30～42。

〔註18〕 王自立、張全民，〈西安西郊出土的唐代玉帶〉，《考古與文物》，1992 年第 5 期，頁 46～50。

〔註19〕 《舊唐書・卷四十四・志第二十四・職官三・太府寺》記載：「左藏署：左右藏令，晉始有之，後代因之。皇家左藏，有東庫、西庫、朝堂庫，又有東都庫。……」楊家絡，《新校本舊唐書附索引三》，頁 1889。

〔註20〕 大盈庫與瓊林庫均屬皇家私庫的性質，所貯藏的物資除用於皇帝對臣僚的賞賜外，有時也用於國家在緊急情況下的支出；晚唐時進奉之風盛行很可能與內庫的的設置有關。尚民傑、王自立，〈唐大盈庫與瓊林庫〉，《考古與文物》，第 6 期（2004），頁 84。

〔註21〕 王國維，《觀堂集林》（北京：河北教育出版社，2001），頁 528～550。

飾必備之物件。

王國維以其淵博的史學涵養，對於帶具和帶具飾另引《宋本玉篇》曰：「欲知帶制，必於鞍制求之矣」說明其源流，並提出：「其帶之飾，於革上列置金玉，名曰校具，亦謂之鞢，亦謂之環，其初本以佩物，後但致飾而已。」，此種洞燭機先的睿智思維，在考古學方興而文物出土寥若晨星的年代，卻能憑藉對於史料、文獻的周密考證，一語道破腰帶具日後在功能上嬗變上的趨勢，其真知和遠見著實令人嘆服。

向達與王國維同為史學鴻儒，1933 年向達以其對於東西文化交流史的長期研究，發表著名的長篇論文《唐代長安與西域文明》，〔註22〕並於 1957 年以論文集方式刊印出版。書中向達憑藉精湛的史學基礎和外文能力，援引中、外史書與研究資料，對於唐代與西方文化在互動、融合的實貌，提出深入精闢的論述；全文略以流寓於長安西域人、西市胡店與胡姬、開元前後長安之胡化、西域傳來之畫派與樂舞、長安打毬小考、西亞新宗教之傳入長安、長安西域人之華化等為論述主軸，全方位的考據長安城內食、衣、住、行、育、樂、繪畫、宗教信仰等實貌，藉以詳實鋪陳唐代東西交流的盛景，然其所關注者並未偏頗於西方文化的單向傳播和影響，另以：改漢姓、立碑石墓誌、通婚、著華服、著述等事跡，輔助說明西域胡人也存有對於「華風」相對的孺慕之情；為研究唐代東西文化互動與交流之重要著作。

向達在書中雖甚少著墨於腰帶具部份；然其對胡化之風所帶動的東西文化交流及互動影響的闡述，對於後進在腰帶具發展相關的探討如：溯源、類型、工法、裝飾母題等議題，提供了豐碩的史料作為參考指標。

三、服飾研究專書

除了上述相關歷史通論的研究外，服飾研究亦為重要的參考依據。由於服飾研究所涉及的範圍廣泛，而腰帶具部份顯非學者論述之主軸，所以；多為旁枝細節的概略式說明。另因早期考古學未興導致缺乏出土文物的佐證，故多以史料、文獻記載之敘述為主；其後由於考古學的興盛導致文物大量出土，所以在論述的依據上乃漸以出土文物為要。

日本原田淑人編著《唐代の服飾》，則在〈章服の改變〉中援引唐律規說

〔註22〕向達，《唐代長安與西域文明》（河北：河北教育出版社，2001），頁 3。

明貞觀以後官員章服之改變，以及革帶上環帶、銙、鉈尾使用的規定，並輔
以朝鮮慶州普門里出土帶具作爲圖例（圖三）〔註 23〕。以不同國籍學者之學
術專業角度，論述中國唐朝服飾發展概況，確實提供了另一種非中國式研究
的思維模式。

圖三、朝鮮慶州普門里發現帶具

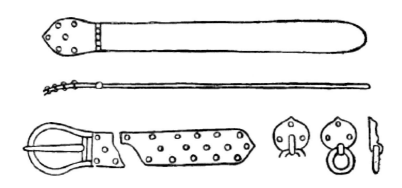

圖片來源：（日）原田淑人，《唐代の服飾》，東京：財團法人
東洋文庫，昭和 45 年（1970），頁 63。

　　楊志謙等人合編《唐代服飾資料選》，以別於學者常態性論述方式，運用
臨摹方式將繪畫、壁畫、石刻等文物，繪製圖例並加註說明，其中多幅圖例
顯現唐代不分男、女，均有佩戴蹀躞帶之習性，〔註 24〕惜其圖例並非全取自
於墓室、石窟壁畫、石刻等出土文物，部份又臨摹自歷代之繪畫作品，因此
在信度上尚待需評估和驗證（圖四、五）。〔註 25〕

〔註 23〕 （日）原田淑人《唐代の服飾》，東京：財團法人東洋文庫，昭和 45 年（1970），
　　　　頁 58～70。
〔註 24〕 榮新江曾廣汎論述唐代女姓喜著男裝的諸多因素如：胡服風氣導致婦女競相
　　　　引爲時髦裝束、女性喜以男裝模樣突顯在上層社會與男性同等之社會形象、
　　　　中土和外域對於社會性別之區分寬鬆等。榮新江，《隋唐長安：性別、記憶及
　　　　其他》（香港：三聯書店，2009），頁 63～70。
〔註 25〕 楊志謙等，《唐代服飾資料選》（北京：北京市工藝美術研究所，1979），頁 1
　　　　～119

圖四、日文《中國的美人圖》──盛唐

未穿孔亦無
附環型腰帶
具(女性著男
裝？)

圖片來源：楊志謙等，《唐代服飾資料選》，北京：北京市工藝
美術研究所，1979，頁 96。

圖五、周昉《蠻夷職貢圖》──中晚唐

穿孔型蹀躞帶
(可繫物)

圖片來源：楊志謙等，《唐代服飾資料選》，北京：北京市工藝
美術研究所，1979，頁 119。

沈從文編著「中國古代服飾研究」，作者以長期在博物館任職，並接觸館
藏圖像、壁畫、墓俑的實體之歷練，運用圖文並茂的方式呈現中國歷朝服飾
的發展和特色，然書中對於唐代服飾論述部份，亦僅零星提及腰帶具如：「鈷

鞢帶制似沿襲魏晉九環帶而來，唐初曾定爲武官服制，不久即廢」。〔註26〕周錫保則於《中國古代服飾史》第七章〈隋、唐服飾‧群臣冠服‧常服〉，略以文獻說明唐代官員常服之飾，均以金、玉及金玉帶爲主之規定。〔註27〕

　　周迅與高春明合著《中國古代服飾大觀》，其在〈腰佩〉篇中援引遼寧北票北燕墓、唐永泰公主等墓出土之鞢韄帶爲例，約略的說明其使用之概況。〔註28〕呂一飛編著《胡族習俗隋唐風韻──魏晉南北朝北方少數民族社會風俗及其對隋唐之影響》在〈服胡〉章節部份，亦引遼陳國公主與駙馬蕭紹矩墓出土之鞢韄帶，藉以敘述胡人在使用上之習俗〔註29〕。陳茂同編著《中國歷代衣冠服飾志》，在〈腰帶專章〉分引西安何家村窖藏、唐永泰公主墓、十國前蜀王建墓等出土之腰帶具，說明腰帶具其結構、質地等事項。〔註30〕上述學者顯然已經開始注重於來自考古出土文物所潛藏之證據力。

　　孫機所編著《中國古輿服論叢》上篇〈中國古代的帶具〉專文，則是近年來服飾論學者當中，對於腰帶具議題論述最深化的經典專書。〔註31〕其廣汎運用考古出土文物與史料、文獻所作的比對和論述，顯然已經開啓和帶動學界對於腰帶具議題探究的關注和風潮。文中透過大量之史料文獻，並佐以東、西方墓葬、窖藏考古出土帶鉤、帶具等文物實例，詳細闡述自先秦而後之歷代腰帶由帶鉤演化到帶具的轉變過程。其中關於唐代已經成爲男子常服必備之鞢韄帶部份，在作用上孫機認爲其繫物功能已經逐漸淡化並由銙所取代；至於銙的材質亦多樣化但卻以玉銙最爲唐代所重視。

　　此外，孫機更以考古類型學方法，將唐代腰帶具構件的配置區分爲單帶扣、單鉈尾式腰帶具：有銙下附環的Ⅰ型和不附環但在銙上穿孔的Ⅱ型二種；銙下附環的Ⅰ型，比對於墓葬、窖藏出土之文物，應係流行於隋和唐代前期，不附環但在銙上穿孔的Ⅱ型，則流行於初唐到遼代前期（圖六）。雙帶扣、雙鉈尾式腰帶具：此類腰帶具最早出現於敦煌莫高窟壁畫中穿甲武士身上，其

〔註26〕沈重文，《中國古代服飾研究》（上海：上海書店出版社，2002），頁288、323。
〔註27〕周錫保，《中國古代服飾史》（北京：中國戲劇出版社，1986），頁177。
〔註28〕周汛、高明春，《中國古代服飾大觀》（重慶：重慶出版社，1994），頁366～375。
〔註29〕呂一飛，《胡族習俗隋唐風韻──魏晉南北朝北方少述民族社會風俗及其對隋唐之影響》（北京：書目文獻出版社，1994），頁19～21。
〔註30〕陳茂同，《中國歷代衣冠服飾志》（河北：河北教育出版社，2001），頁109～113。
〔註31〕孫機，《中國古輿服論叢增訂本》（北京：文物出版社，2001），頁253～292。

後亦見於四川後蜀宋琳墓之陪葬俑。

　　孫機充分運用了考古類型學上分類、歸納、統整的科學方法，將腰帶具的研究予以分類、歸納、統整，不僅將東、西方複雜又瑣碎的腰帶發展趨勢予以化繁為簡，且其系統性、對比性、圖例性的研究特色，已經成為腰帶具研究議題上不可或缺的重要參考依據。

圖六、繫環帶的人物

環帶

圖片來源：孫機，《中國古輿服論叢增訂本》，北京：文物出版社，2001，頁275。

　　孫機另於《中國聖火──中國古文物與東西文化交流中若干問題》書中，〔註32〕以〈東周、漢、晉腰帶用金銀帶扣〉專文配合大量出土文物，論述唐以前腰帶用金銀帶扣的沿革和演變趨勢，其對於唐代腰帶具之溯源與繼受發展、外域帶扣形制、功能等對於中土深遠影響部份著墨甚深，具有極高的參考價值。

四、玉器研究專書

　　學者就玉器發展歷史的研究和論述，基本上多以朝代玉器工藝脈絡的方式進行。楊伯達主編《中國玉器全集──隋唐》，在〈隋・唐──明代玉器敘略〉章節中，將隋、唐、五代玉器，依器物功能區分為七大類；唐代玉製腰

〔註32〕孫機，《中國聖火──中國古文物與東西文化交流中若干問題》（瀋陽，遼寧教育出版社，1996），頁64～86。

帶具則歸類於朝廷用玉、西域用玉兩大範疇；並分別說明玉帶銙數變化暨深受西域碾製與用玉風格影響的現象。〔註33〕然文中以《舊唐書》所載西域于闐國於太宗貞觀六年即已朝貢玉帶，說明其「玉帶之設」早於高宗顯慶年間方以玉帶為朝廷常服定制，接續並以西安及近郊出土玉帶銙上顯現波斯人或捲髮西域人圖像、碾製作工運用並排細線或粗陰線勾勒等現象，認為其應出自於西域于闐玉工所為。

然此種說法尚有斟酌之餘地；前文曾引《舊唐書》：「玉工求玉銙於私市」的記載，說明民間和官方應各有其碾玉的工坊，所以多少也會影響碾玉工藝品質之良窳與風格；況且于闐國之碾玉地點既未見於文獻記載，亦缺乏考古發掘的實證？如此諸多問題在未經釐清和考證之前，逕行推論玉帶出於于闐玉工所為的看法似有不妥。

英國考古學家傑西卡·羅森（Jessica Rawson），在《中國玉器——從新石器時代到清》一書，有關〈唐朝到清朝裝飾品〉專章中，曾論及：「墜飾是純粹中國式的，而有裝飾腰帶的相較之下是外來物」，因此羅森認為：雖然唐代外來腰帶上原有的材質金、銀、銅等已由美玉所取代，圓或有塑形者在外觀上也被切割成正方形、金屬網狀細工則被轉換成刻線或表面的浮雕等等；但其原具濃厚的外來風格特色，卻依舊被保留在腰帶的裝飾工法上；〔註34〕另外玉帶上碾製以類似中亞僕人、樂師等紋飾，這種刻意突顯異國特色的作法，又明顯與其實際配帶者之身份地位特別不搭，這種情況實在令人感到相當的困惑。

羅森另亦究其原因推論：「假若從宗教觀點來看這些異國的僕人與樂師，如同神的僕人，他們一併成就了神的天堂，的確是有可能的！」所以；如此刻意保留之目的是為了描繪西方樂園的樣貌，而這個樂園的確係以音樂著稱。相似的看法也出現在另外一本著作《中國古代的藝術與文化》〈玉器與金器〉專文中：

> ……這些圖像的重要性也許要到道教信仰中才能找到答案。一
> 方面西方是外來奢侈品的來源，包括舞獅和樂師。西方也是道教至

〔註33〕中國玉器編輯委員會，《中國玉器全集——隋唐》（河北：河北美術出版社，1993），頁1～5。

〔註34〕Jessica Rawson, "Ornaments Tang To Qing Dynasty,7th-18th Century AD" *Chinese Jade From The Neolithic To The Qing*（Landon:British Museum Press, 1995），PP.321~348.

上神西王母——西方的聖母的居所，她的國度以盛產優美音樂而聞
名，刻畫在玉牌飾上的樂師和伎人，可能就是讓人想起她的國度。
這種聯想既不是像上面提到的例子那樣要展現奢華的生活方式，也
不是像鑲有金框的金牌飾那樣要展現異域的生活情調，而是體現了
一種新的宗教信仰的世界。帶有這種裝飾的腰帶，通過對玉的使用，
體現了一種純正的中國風格，而且使人產生對天國的幻想，這也正
是主人所渴望達到的……。〔註35〕

　　唐代雖然以道教立國，〔註36〕但是；以凡人腰間所繫玉帶上之樂舞圖像，
充作禮神及遙想神之國度用具之看法，雖然頗符合西方唯美、浪漫之感性風
格，但似與中國尊崇事神之傳統用法不符；玉帶上胡人樂舞裝飾母題形成之
可能成因頗多，究係人治的世俗觀？或如羅森所言宗教禮神之用？本文將在
第四章關於胡人樂舞裝飾母題之獨特意象部份再另行探討。

　　劉慶柱在《東亞玉器》書中以〈唐代玉器的考古發現與研究〉專文，談
論唐代長安和洛陽兩京地區，出土於墓葬、宮城遺址、窖藏、寺院遺址等之
唐代玉器。〔註37〕文中除了例舉唐代墓葬、窖藏出土玉帶的狀況外，並說明
以玉帶作為禮玉的現實表現與應用形式，與先秦、兩漢專注於天地溝通之意
並不相同。唯文末仍以玉帶上伎樂紋飾多為深目、高鼻、多鬚之西域胡人、
甚至是中亞波斯人等形象，據以推論其碾製應先出於于闐玉工之手，其後再
東傳至中原；此種概括式說法與楊伯達先生之看法雷同，亦尚待考古實證上
的釐清。

　　劉雲輝主編《北周隋唐京畿玉器》，書中羅列自北周迄隋、唐出土於關中
京畿（長安）地區之玉器，詳實的綜述及說明中國玉器的發展沿革，並配合
以詳細的出土資料與精美圖錄，呈現這個時期玉器在禮制、風格、功能上之
承轉及重大變革。〔註38〕文中就唐代京畿出土玉器的論述則沿用歷史分期方
式，比對於出土資料以詳盡說明唐代玉器的種類、用途及其內涵考辨；其中

〔註35〕羅森（Jessica Rawson）著。孫心菲等譯，《中國古代的藝術與文化》（北京：
　　　　北京大學出版社，2002），頁227。
〔註36〕李大華、李剛、何建明，《隋唐道家與道教》上冊（廣東：廣東人民出版社，
　　　　2003），頁330。
〔註37〕鄧聰，《東亞玉器第二冊》（香港：中國考古藝術研究中心，1998），頁165～
　　　　179。
〔註38〕劉雲輝，《北周隋唐京畿玉器》（重慶：重慶出版社，2000），頁206～213。

更以相當的篇幅論述出自於墓葬和窖藏中的玉帶，尤其是對於是陝西西安南郊何家村窖藏出土 10 副玉帶、陝西西安西南郊丈八溝窖藏出土 39 塊玉帶板等，依其玉料材質、碾琢紋飾作深入之描述，加上對於文獻上官等使用制度之考據和對照，明顯印證玉帶在北周隋唐京畿玉器中所扮演的重要角色和地位。

齊東方在《花舞大唐村——何家村遺寶精粹》書中，係以陝西西安何家村大量出土唐代瑰寶文物為專文論述。〔註 39〕文中除了廣泛探討其間大量出土金、銀器的製作工藝、紋飾和東西文化交流狀態以外，其對於獅紋白玉帶板上以平面斜刻剔地工法所表現出形象隱起的碾製技術，推論應為唐代所獨有；而帶銙背面均無穿孔的更白、深斑、斑玉玉帶等，似為未完成之作品等問題意識，均為考古工作者提供了深度的鑑別模式和路徑。

奕秉璈編著《古玉鑑別》，在〈唐代玉器特徵和鑑別現況〉章節中，則以唐代主要出土玉器一覽表，按照歷史分期與出土地點的表列方式，詳細說明包括玉製腰帶具等唐代玉器出土的狀況，並羅列尺寸、質地、紋飾、工法等文物特徵，作為鑑別陝西西安地區出土玉帶之參考指標。〔註 40〕這種以資料庫的方式呈現唐代玉帶出土狀況和文物的鑑別基準，亦鋪陳了唐代玉帶研究議題上另類詳實和便捷的管道。

常素霞在《中國玉器圖譜下卷》中，分以〈生活化的隋唐——明清玉器〉專論和〈唐五代玉器〉章節，論述玉帶銙兼具朝廷用玉、禮儀用玉的雙重功能，並輔以拓印圖譜以對照說明玉帶銙上眾多外來民族圖像，突顯唐代開放、自信和強盛的大國風範。〔註 41〕

田倩平在《唐代玉器研究》碩論中，〔註 42〕以唐代玉器從被賦予傳統思潮的功能蛻變中，發掘其與外來文化互融的脈絡和意義；其探究方法係梳理唐代墓葬、窖藏、地宮等出土之玉器，再就形制與裝飾、出土區域、碾玉工藝、神靈與俗世共存等議題分別論述。文中對於玉帶部份則就功能性（禮玉）、裝飾母題（外來伎樂、獅紋）等略為說明，另列舉竇皦墓出土的玉梁金筐寶

〔註 39〕陝西歷史博物館等，《花舞大唐村——何家村遺寶精粹》（北京：文物出版社，2003），頁 206～213。

〔註 40〕奕秉璈，《古玉鑑別——下》（北京：文物出版社，2008），頁 540～567。

〔註 41〕常素霞，《中國玉器圖譜——下》（北京：金城出版社，2013），頁 741～818。

〔註 42〕田倩平，《唐代玉器研究》，國立台南藝術大學藝術史與藝術評論所碩士論文，2013。

鈿蹀躞帶爲例，展現唐代吸納與包容、金玉同盟式設計理念部份，誠具啓發性之參考價值。

五、玉製腰帶具專論

關於玉製腰帶具的專門論述，顯係伴隨各地相關考古出土文物的日漸增加方才應運而生。就此學者則各以其學術專業，作多角度深入性的探討；而這種百家爭鳴式的研究風潮，也促使唐代玉製腰帶討論的相關議題，逐漸有獨立和深入的研究空間。

王仁湘以〈古代帶鉤用途考實〉、〔註43〕〈帶鉤略論〉〔註44〕等專文，詳述歷代帶鉤發展狀況。其雖非以唐代和玉製腰帶具爲論述主軸，然其對於唐代玉製腰帶具發展之溯源，極具有參考和借鑑之重要價值。

梁鄭平在〈玉帶板初探〉以玉雕工藝新品種、玉器由禮玉轉向世俗化的角度，說明玉帶板的發展趨勢。並以出土及博物館館藏傳世品玉帶板爲例，分別就紋飾（以人物和動物紋爲主）、形制（方、半圓及圭形）、工法（偏刀鏟底淺浮雕）等三個面向，剖析玉帶板的時代特徵。〔註45〕

包燕麗則以〈胡人玉帶圖像考〉分別說明唐代玉帶上胡人音樂和舞蹈圖像的意涵；除了表列隋唐時期西域及相關地區所用樂器類型，藉以說明其與窖藏出土、博物館館藏傳世品玉帶帶銙圖像之關聯外；並且推論玉帶鉈尾上碾製圖像之舞姿，應爲唐詩、洞窟壁畫所示之胡旋舞。文中援引音樂史料說明西域樂風以及樂器類型比對的論述方法，相當具有參考之價值。〔註46〕

劉雲輝在〈唐代玉帶考〉專文中，再論唐代玉帶的相關議題。〔註47〕其論述標的除了延續《北周隋唐京畿玉器》對於考古出土玉帶說明的圖文對照方式，另以溯源、形制結構特徵、玉帶碾治可能地點等問題探討，連貫及補強議題探究上的深度和廣度，儼然成爲研究唐代玉帶的指標性參考著作。

韓建武《陝西出土的唐代玉石器及相關問題》專文，則分別論述文獻中

〔註43〕王仁湘，〈古代帶鉤用途考實〉，《文物》，第 10 期（1982），頁 75～81。

〔註44〕王仁湘，〈帶鉤略論〉，《文物》，第 10 期（1982），頁 65～75。

〔註45〕梁鄭平，〈玉帶板初探〉，《中原文物》，第 5 期（2000），頁 43～44。

〔註46〕包燕麗，〈胡人玉帶圖像考〉，《上海博物館集刊》，第 9 期（2002），頁 469～484。

〔註47〕劉雲輝，〈唐代玉帶考〉，《中國隋唐至清代玉器學術研討會論文集》（上海：上海古籍出版社，2002），頁 140～152。

所載唐代玉石器之產地及種類，中央、地方官府及民間私人之玉石器製作工坊等狀況；另引出土玉器爲例說明唐代玉石器種類及受外來文化因素之衝擊和影響。文中對於玉帶之尊貴性、形式、紋飾多有敘述，並以紋飾說明其融合外來文化的實貌。韓建武先生在文中對於唐代玉石器產地和製作工坊之考據，對於玉製腰帶之研究頗有助益。〔註48〕

馬冬〈鈿鞢帶綜論〉專文，說明蹀躞帶起源、鈿鞢帶與環帶之辨等議題。〔註49〕王自力〈西安西郊出土唐玉帶圖像考〉專文，亦探究 1990 年出土於陝西西安西郊關廟小學出土的 18 塊玉帶銙；並且將其中 10 塊具有圖像者，區分爲胡人伎樂圖、胡人飲酒圖、胡人獻寶圖等三部份，再配合以拓印比對方式，進一步說明其相互之間的對應關係。〔註50〕

劉思哲在〈西安何家村唐代窖藏九環玉帶製作時代考〉專文中，敘述白玉九環蹀躞玉帶的結構及特點；其中依據扣環上固定用金釘計缺失22 枚、鞓帶業已無存之等狀況，用以說明該玉帶曾長期使用。另更以這些現象比對何家村出土其他 7 副玉帶，就其背後雖有象鼻釘孔但並未發現金釘；骨咄玉帶和白瑪瑙鉸具則背面均未穿孔；因而推論上述 9 副玉帶均尚未使用。〔註51〕作者依其專業就玉帶結構作細膩之剖析併觀微知著的說明，此種兼具理論和實務的研究態度頗值借鑑。

李怡則透過官員服飾佩掛腰帶的角度，在〈唐代官員常服腰帶制度考辨〉文中，分按：唐代官員常服腰帶四種構件的使用方法和佩帶場合、帶銙質地與使用者身分對應關係、腰帶使用在制度上之沿革和變遷等三大部份逐一說明，進而突顯唐代官員常服腰帶制度，不僅係傳統與時代之組合，更在中國古代服飾史上具有承前啓後之重要意義。〔註52〕

滕亞秋在《契丹帶飾研究——以蹀躞帶爲中心》論文，〔註53〕係以出土

〔註48〕韓建武，〈陝西出土的唐代玉石器及相關問題〉，《上海文博論叢》，第 1 期（2005），頁 8～23。

〔註49〕馬冬，〈鈿鞢帶綜論〉，《藏學學刊第 5 輯》（四川：四川大學出版社，2009），頁 105～113。

〔註50〕王自立，〈西安西郊出土唐玉帶圖像考〉，《文物》，第 8 期（2013），頁 62～69。

〔註51〕劉思哲，〈西安何家村唐代窖藏九環玉帶製作時代考〉，《考古與文物》，第 4 期（2013），頁 95～99。

〔註52〕李怡，〈唐代官員常服腰帶制度考辨〉，《服飾專刊》，第 1 期（2013），頁 27～33。

〔註53〕滕亞秋，《契丹帶飾研究——以蹀躞帶爲中心》，遼寧師範大學碩士論文，

蹀躞帶討論遼代契丹使用和發展狀態，其對追溯唐代玉製腰帶具之使用與傳播及影響，亦具有一定的參考價值。

小　結

　　文獻回顧是匯聚古代典章制度和現今考古學者研究成果的智慧寶庫，但是；史料記載和學者著作之數量實在龐大，僅能列舉其中要者之一二略為窺探。茲援引唐太宗「以人為鏡可以知得失」用人哲言為輔，說明透過文獻回顧的過濾和加持，方能在研究的過程中避免坐井窺天之弊、並達到事半功倍之效！

第三節　研究方法與架構

　　張光直曾言：

> 考古學是一門通過古代遺存來研究古代文化及文化史的學科；它包括考古學家對考古遺存的揭示，也包括對認識結果的交流。

〔註54〕

　　基於考古學者努力的搜尋與探勘，世人方能借由古代遺存文物的出土，喚回較趨近於失落已久的歷史、文化原貌的記憶。考古類型學則是考古學研究中的具有科學性技術的一門學科，它是通過對考古遺存的型態排比，以探求其變化規律、邏輯發展序列以及相互關係。〔註55〕

　　本文關於唐代玉製腰帶具的研究，係以墓葬、窖藏考古出土資料為基底，分就相關紋飾特徵與可能內蘊的政治、社會、文化功能等多重面向，逐步建立量與質的統計分析架構（表一）。首先以數學統計方法作量的數值統計，進而依據數值統計的結果，探求出土文物在時間和空間上的分布狀態與特徵。其後依據數值統計結果進行紋飾與功能取向分析，紋飾分析之目的主要在探求玉製腰帶具飾銙與鉈尾紋飾上，大量出現外來胡人與樂舞裝飾母題等獨特意象的成因。功能取向分析之目的則除了檢證使用者其社會身分之對應關係

2010。

〔註54〕張光直，《考古學—關於其若干基本概念和理論的再思考》（瀋陽：遼寧出版社，2002），頁1。

〔註55〕欒豐實、方輝、靳桂雲，《考古學理論‧方法‧技術》（北京：文物出版社，2002），頁5。

外，並試爲詮釋其可能內蘊的社會階級性世俗化發展傾向。如此匯整、結合上述量化與質化的研究方法與結果，期望能對於唐代玉製腰帶具演化上的相關現象與議題，提出初步探究的成果。

表一、玉製腰帶具研究架構圖示

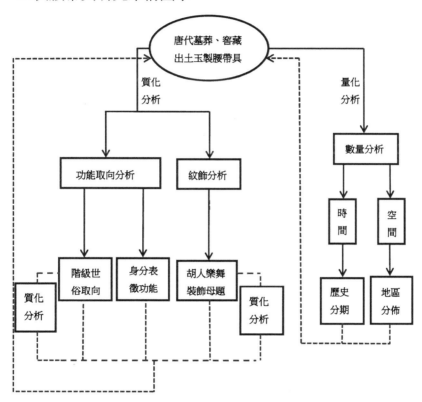

第貳章　唐代以前腰帶具發展概述

　　帶具是古人繫結服裝與懸掛佩飾的重要工具，唐代腰帶具由鞓帶、帶扣、鉈尾、銙塊所建構成形的套裝模式，其發展係歷經輾轉改良而逐次遞增所形塑的結果，在這種結構數量遞增改變的過程當中，單一物件的帶鉤和以帶扣為主的組裝腰帶套件，各以其擅長在形制和功能上予以承接與演化；本文試就唐代以前腰帶具發展的概況和特色說明之。

第一節　形制演化：由單一物件到組裝套件的發展

　　帶鉤的使用和發展其歷史久遠，學者依據浙江銅鄉金星村遺址、上海青浦福泉山遺址、浙江余杭反山、浙江瑤山等墓葬，陸續出土了近 10 件的玉帶鉤，並以其多數出於墓主腰部的狀況，推斷遠在新石器時代的良渚文化就出現並使用帶鉤的原始雛型（圖七）。〔註 1〕使用帶鉤除了大幅改善服裝上革帶繫結和懸掛飾件之便利性，〔註 2〕並且也因為使用玉料製作，大為彰顯其身分地位的表徵。〔註 3〕但是對於帶鉤的功能究係用於革帶之繫結？或置於革帶下

〔註 1〕王仁湘，〈四千年前中國人的繫衣束帶方式〉，《中國史前考古論集》（北京：科學出版社，2003），頁 344～354。

〔註 2〕考古學家在 1958 年浙江湖州錢山漾良渚遺址中，已發現置於竹筐中地絲織品和麻織品；另在江蘇吳縣草鞋山良渚文化層中亦發現麻布，表明良渚先民在服裝面料使用上已呈現多樣化。俞為潔，〈良渚人的人體裝飾品及衣冠服飾初考〉，《良渚文化研究——紀念良渚文化發現六十週年國際學術討論會論文集》（北京：科學出版社，1999），頁 259。

〔註 3〕蔣衛東依據良渚墓葬用玉情形，說明良渚社會是一個階級森嚴的社會，其社會身分的等級，也就是用玉的等級劃分，隨葬玉器的種類和數量，深刻顯現

方用以鉤掛佩飾？顯然學者的說法尚未能達成共識，[註4] 只是並沒有影響原始先民在數千年前，就已經開始使用帶鉤束衣、裝飾的事實（圖八），良渚帶鉤當是中國腰帶具的最早雛型。

圖七、浙江銅鄉金星村遺址出土玉帶鉤

圖片來源：牟永抗、雲希正，《中國玉器全集——原始社會》，
河北：河北美術出版社，1992，頁 148。

圖八、良渚玉帶鉤用法示意圖

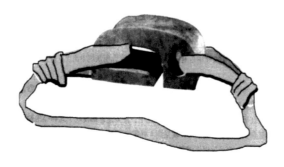

圖片來源：王仁湘，〈四千年前中國人的繫衣束帶方式〉，《中國史前考古論集》，北京：科學出版社，2003，頁351。

出墓主的社會地位。蔣衛東〈良渚玉器的原料和制琢〉，《良渚文化研究——紀念良渚文化發現六十週年國際學術討論會論文集》（北京：科學出版社，1999），頁 183。

〔註 4〕 俞為潔認為這種「鉤狀玉器」出土於墓主髖部，應不同於後世用以腰帶繫服的帶鉤，推論可能是垂於系帶下方用以鉤掛飾物的鉤狀器物。俞為潔，〈良渚人的人體裝飾品及衣冠服飾初考〉，《良渚文化研究——紀念良渚文化發現六十週年國際學術討論會論文集》（北京：科學出版社，1999），頁 260。

　　就良渚帶鉤所屬玉器文化發展脈絡的追溯；鄧淑蘋循蘇秉琦所提文化區系理論，〔註 5〕自文化多元發展及互動的角度提出〈中國古代玉器文化三源論〉，〔註 6〕將良渚文化與安徽含山文化、湖北石家河文化，共同歸類於越文化玉器區域脈絡之中。文中除了詳細說明三大玉文化區域，各自在玉料、器型和紋飾發展上的重點和特色，亦強調三大玉器文化源流之相互融合，共同成就了燦爛的中國古代玉器文化。

　　而為了釐清玉器文化源流融合過程中的若干疑點，鄧淑蘋早在 1981 年即遠赴西安，檢視在延安市蘆山峁徵集到二件具有有眼紋的龍山文化玉琮，並分自其玉質、器型和紋飾等特徵進行研究，最後證實了蘆山峁琮應是綜合以良渚、中原龍山、齊家、山東龍山等不同地域性文化，亦即匯集了華夏、苗蠻、東夷三大族系的特色於一體的玉琮。〔註7〕所以不同區系玉器文化之發展雖各有特色，但相互之間的交流和影響的事實顯然不容忽視。

　　黃翠梅則另循蘇秉琦所提中國各古代文化發展所形成「原生」、「次生」、「續生」的類型理論，將中國新石器玉器文化的發展，區分為「原生型系統」（萌發於自身傳統、有完整發展脈絡並且廣泛分佈與影響的玉器文化；包括東北系統和東南太湖系統）、「次生型系統」（非萌發於自身傳統、無完整發展脈絡、顯受原生系統直接或間接影響的玉器文化；包括西北隴右主系統、江淮亞系統、東方海岱亞系統、江漢亞系統、北方亞系統等）兩種。其中良渚玉器文化則歸類於「原生型系統」中，以長江下游地區太湖流域為中心的「東南太湖系統」。〔註8〕

　　但是；黃翠梅研究發現上述歸類於「原生型系統」玉器文化，雖各有其獨立的發展脈絡，然彼此之間並不是屬於沒有交集的封閉型平行系統，因此不能排除其前後相承的影響關係；而良渚玉器文化中早期的龍首環、玦與東

〔註 5〕蘇秉琦將古代物質遺存的文化面貌和特徵，以地區為範圍劃分為陝豫晉鄰近地區等六大區系，其中良渚文化歸類於長江下游的太湖地區。〈關於考古學文化的區系類型問題〉，《文物》，第 5 期（1991），頁 10～17。

〔註 6〕新石器時代中晚期形成的中國玉器文化，可分為大玉（華夏集團）、夷玉（東夷集團）、越玉（苗蠻集團）等三個源頭。鄧淑蘋，〈中國古代玉器文化三源論〉，《中華文物學會年刊》（臺北：中華文物學會，1995），頁 44～58。

〔註 7〕鄧淑蘋，〈晉、陝出土東夷系玉器的啟示〉，《考古與文物》，第 5 期（1995），頁 15～27。

〔註 8〕黃翠梅，〈中國新石器時代玉器文化譜系初探〉，台南藝術學院藝術史與藝術評論研究所，《史評集刊－創刊號》，2002，頁 6～7。

北系統的紅山文化間似具有某種的淵源關係（尚缺乏考古發掘上的直接具體證據）。另引述聞廣對於良渚玉器文化中張陵山遺址出土部份玉器的考據結果，發現良渚玉器確實和紅山玉器具有相同的玉質；此外該遺址中良渚早期玉鐲上之獸面紋，亦似對應於紅山豬龍展開後之獸面形象，也不排除兩者曾有進行接觸之可能。

楊伯達在〈中國史前玉文化板塊論〉中，亦將史前玉文化分爲三大玉文化板塊和五個玉文化亞板塊，良渚文化則與河姆渡、馬家濱、松澤等文化，歸類於古越玉文化板塊。〔註9〕文中說明這些玉文化板塊和亞板塊的發展，除了按照其各自的規律運動，又互爲碰撞、滲透甚至融合，最終熔鑄成爲統一的中華玉文化。

至於良渚玉器伴隨良渚文化突然消逝的原因學界眾說紛紜；許倬雲認爲社會上層濫用權力、浪費社會體系中有限的社會資源（如精美玉器的製作必定消耗不少資源），最終拖垮了原有的社會體系和結構；加上原始瓷器的出現已可仿傚玉器的光瑩、硬陶上的花紋亦可模仿青銅器鑄紋等工藝技術發展的蛻變，綜合促使良渚文化之光華斂去，化作點點繁星灑落在江南的土墩上。〔註10〕石興邦則推論除自然災害（外因說）之外，因良渚玉器文化自限於其發展規律，無法及時擴展青銅技術，致使在北方龍山青銅文化先進高水準生產力的衝擊下而走向衰退（內因說）。〔註11〕楊伯達亦以原屬古越玉文化板塊的良渚文化，可能因爲遭逢海侵或洪水等自然災害，遷徙到海岱玉文化東夷亞板塊的龍山文化區域，亦擴散及於東夷、華夏、鬼、氐、羌等玉文化板塊；除了對於培養及壯大各該地區玉文化作出程度性的貢獻之外；亦對於夏、西周兩朝的玉文化發展奠定了堅實的基礎。〔註12〕

但是；良渚玉器文化中的玉帶鉤，在使用及發展爲何沒有出現上述玉文化源流或板塊論所強調的融合現象，其不僅沒有融入周遭或共屬的玉器文化當中，亦未轉化而爲接續的文化所繼受，這種在融合及傳播上特殊的斷層現

〔註9〕楊伯達，〈中國史前玉文化板塊論〉，《故宮博物院院刊》，第4期（2005），頁6～24。

〔註10〕許倬雲，〈良渚文化到那裏去了〉，《良渚文化研究──紀念良渚文化發現六十週年國際學術討論會論文集》，（北京：科學出版社，1999）頁120～132。

〔註11〕石興邦，〈良渚文化研究的過去、現狀和展望──紀念良渚文化發現六十週年學術討論會小結〉，《良渚文化研究──紀念良渚文化發現六十週年國際學術討論會論文集》（北京：科學出版社，1999），頁1～16。

〔註12〕楊伯達，〈中國史前玉文化板塊論〉，頁6～24。

象，當與良渚文化突然消逝的問題，成爲考古學者持續關注和探究的重要議題。

　　帶鈎使用的斷層現象一直到了西周晚期到春秋早期才獲得舒解，山東蓬萊村裡集 7 號西周墓葬中青銅帶鈎的出土當是最早的例證，〔註13〕並且自此開展其另一階段性的蓬勃生機。自春秋早期到兩漢應該是帶鈎使用上的黃金時期，此一階段帶鈎基本上係由鈎首、鈎體、鈎紐等三部份建構而成（圖九、圖十），已經不復良渚帶鈎一體成型的簡單樣式，其材質也更爲多樣化舉凡：金、銀、銅、鐵、玉、寶石等都是製材的範疇，其流行的中心範圍雖以華夏地區的黃河中游（中原、關中地區）爲主軸，不過；北到長城、南到兩廣、雲貴等地區，也都曾發現帶鈎蹤跡應均爲其分布的區域。〔註14〕

圖九、帶鈎各部位名稱

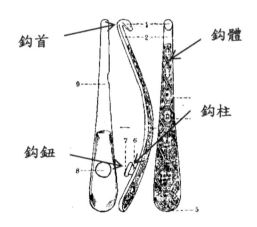

圖片來源：王仁湘，〈帶鈎概論〉，《考古學報》，1985 年 3 期，
頁 268。

〔註13〕孫機，〈東周、漢、晉腰帶用金銀帶扣〉，《中國聖火》（遼寧：遼寧出版社，1996），頁 254。

〔註14〕王仁湘，〈帶鈎概論〉，《考古學報》，第 2 期（1985），頁 276。

圖十、戰國時代使用革帶鈎銅造像

鈎首穿
繫處

圖片來源：王仁湘，〈古代帶鈎用途考實〉，《文物》，1982 年
10 期，頁 77。

這時期的帶鈎在材質上雖然呈現多變的樣貌，不過；基本上仍以青銅製
作為主軸；〔註15〕其作用則視出於墓主腰部或陪葬配器、配物的位置而定，
如出於腰部周遭應為束繫革帶之用，如出於配器、配物附近則為配器、配物
所專用，亦即屬於佩掛劍囊或刀囊使用之帶鈎。〔註16〕但是華夏中原地區基
於「君子比德於玉」的崇玉文化傳統，帶鈎的材質原本應以玉料為最佳的選
擇，只是玉器的製作原具「如切如磋、如琢如磨」、性質堅韌、加工不易的材
質物理性，以及必需耗費大量的製作工時且製後不易修改（因修改耗材而玉
料稀少、昂貴）的工藝特質；所以原為北方草原遊牧民族所喜愛和慣用的黃
金裝飾，以其質軟並極易為手工所打造成型的特色，迅速成為玉料以外製造
帶鈎的主要材質；並以鑄造、細金珠工藝、壓花、鏨刻、扭絲等多樣的裝飾
工法，廣泛且深遠的影響包括帶鈎在內，玉器製作在裝飾特點和藝術風格上
的轉變。〔註17〕

其後源自於馬具所使用的帶扣，透過其扣舌裝置進一步提昇了革帶繫結
的穩固性，並使其更能符合使用上機動性的需求；孫機就此項改變說明這種
將馬具使用之固定扣舌移植到帶扣上，當為古代北方民族所創造，並且在進

〔註15〕學者曾統計在冀北的 9 處墓葬區，陸續出土玉皇廟文化青銅帶鈎有 78 件之
　　　多。王繼紅、呂硯，〈玉皇廟文化青銅帶鈎研究《上》〉，《文物春秋》，第 6 期
　　　（2013），頁 9。

〔註16〕王繼紅、呂硯，〈玉皇廟文化青銅帶鈎研究《下》〉，《文物春秋》，第 4 期（2014），
　　　頁 9。

〔註17〕黃翠梅、李建緯，〈金玉同盟──東周金器和玉器之裝飾風格與角色轉變〉，《中
　　　原文物》，第 1 期（2007），頁 42～58。

入南北朝以後，這種扣身以簡單橫軸支撐扣舌，腰帶也變成前後等寬的一整條，並迅速向鞢䤩帶過渡（圖十一、圖十二）。〔註18〕

圖十一、西漢早期玉龍附金帶鉤

圖片來源：楊伯達，《中國美術全集・工藝美術編・玉器》，北京：文物出版社，1986，頁72。

圖十二、西晉劉宏墓出土龍紋帶扣

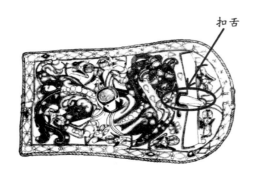

圖片來源：孫機，〈東周、漢、晉腰帶用金銀帶扣〉，《中國聖火》，遼寧：遼寧出版社，1996，頁71～83。

　　至此腰帶繫結用的單一物件型帶鉤，〔註19〕在胡服習尚（上褶、下袴）導入改變服裝穿著樣貌的趨勢下，漸次完成其階段性的傳承使命；而以鞓帶、

〔註18〕孫機，〈東周、漢、晉腰帶用金銀帶扣〉，《中國聖火——中國古文物與東西文化交流中的若干問題》，（遼寧：遼寧出版社，1996），頁71～83。

〔註19〕李建緯以身體裝飾技術的角度，研究東周時期中原地區帶鉤材質與身體裝飾之間的互動關係，並從單一墓葬中同時出土多件帶鉤和帶鉤長度逐漸加長（湖北江陵望山楚墓曾出土長達46公分超長帶鉤）的現象研判：帶鉤似已脫離純粹實用配件作用，朝向精巧絢麗的陳設用品方向發展。李建緯，〈先秦至漢代黃金製品工藝與身體技術研究——兼論其所反應的文化交流與身份認同問題〉，國立台南藝術大學藝術創作理論研究所博士論文，2010。

帶扣、鉈尾、銙塊所共構的蹀躞式套裝腰帶具，則正式取代帶鉤成為唐代腰帶繫結的主要工具。

其後復因唐代對外域征戰的漸息，導致腰帶具原始繫物、機動性等實用需求的降低，〔註20〕自此；多樣材質（逐漸加入「玉」元素）和炫目的裝飾風格，遂成為銙塊、鉈尾等構件，在碾製訴求上之標的和重點，最終更因為律令上的規制轉化成為身分地位表徵之器（圖十三、十四）。

圖十三、北周若干雲墓出土八環蹀躞玉帶

圖片來源：劉雲輝，《北周隋唐京畿玉器》，重慶：重慶出版社社，2000，目錄 B1。

圖十四、西安何家村窖藏出土唐代伎樂獅紋帶板

圖片來源：筆者自拍於陝西歷史博物館展廳，2015.05.27。

〔註20〕 盛唐睿宗景雲年間曾規定：武官五品以上配鞊鞢七事（佩刀、刀子、礪石、契苾、眞噦厥、針筒、火石袋），至高宗開元初復罷之。楊家絡，《新校本舊唐書附索引三》（臺北：鼎文書局），頁1593。

第二節　功能演化：由實用性轉向身分表徵之發展

　　帶扣的出現並以其活動扣舌所產生的扣結便利性、實用性，迅速取勝了帶鉤並改變了腰帶束繫的方式。不過真正讓帶扣與革帶連成一體確實發揮其功能，並過渡到鞢䩞式套裝腰帶具的關鍵因素，本文認為應該歸功於活頁轉軸和金屬鉚接技術的發展和運用（圖十五），〔註21〕這兩種工法將帶扣、銙塊、銙尾和附環緊牢的連結，促使套裝腰帶具的實用功能性大幅的向上提昇。

圖十五、北周若干雲墓出土八環鞢䩞玉帶帶扣

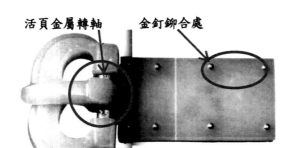

圖片來源：劉雲輝，《北周隋唐京畿玉器》，重慶：重慶出版社
社，2000，目錄 B6。

　　當腰帶具在實用功能充足之後，相對的也逐漸關注於身分表徵功能上的需求和發展。腰帶具的身分表徵功能在唐代以前，基本上係以材質的種類為指標，紋飾並非此階段關注的重點。這種現象我們可以從河北定縣北魏石函出土的南北朝式銀帶具（圖十六）、〔註22〕西安咸陽北周若干雲墓出土八環鞢䩞玉帶、北周武帝孝陵出土由 31 構件完整組裝完成的銅腰帶具、〔註23〕隋敦煌太守姬威墓出土玉帶具（殘件）、〔註24〕2013 年在揚州市新出土屬於隋煬帝陪葬的十三環鞢䩞玉帶等（圖十七），〔註25〕觀察到其使用金、銀、玉等具有

〔註21〕劉雲輝，《北周隋唐京畿玉器》（重慶：重慶出版社，2000），目錄 B6。
〔註22〕孫機，〈中國古代的帶具〉，《中國古輿服論叢增訂本》（北京：文物出版社，2001），頁 274。
〔註23〕陝西省考古研究所，〈北周武帝孝陵發掘簡報〉，《考古與文物》，第 3 期（1997），頁 8～28。
〔註24〕陝西省文物管理委員會，〈西安郭家灘隋姬威墓清理簡報〉，《文物》，第 8 期（1959），頁 4～7。
〔註25〕王小迎、束家平，〈揚州發現隋故煬帝及夫人墓〉，《大眾考古》，2013 年 6 月，

價值性和稀有性的材質，作為腰帶具裝飾和身分彰顯的趨勢，此際；這種類形腰帶具在實務上仍侷限於帝王所有，帝王以外持有者的身分規範尚未成為定制，但是；明顯已經刻意的和身分關係劃上程度性的等號！

圖十六、河北定縣北魏石函出土南北朝式銀帶具

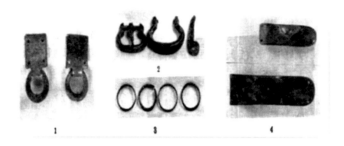

圖片來源：河北省文物局文物工作隊，〈河北定縣出土北魏石函〉，《考古》，1966 年 5 期，頁 252～259。

圖十七、揚州市出土隋煬帝十三環蹀躞金玉帶

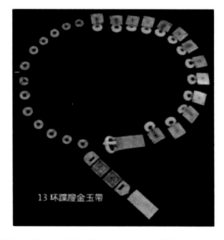

圖片來源：〈揚州發現隋故煬帝及夫人墓〉，《大眾考古》，2013 年 6 月。

至於紋飾方面；這四副南北朝以後到唐代以前，相當具有指標意義的蹀躞式套裝腰帶具，除了北周武帝孝陵出土的銅腰帶具，在構件上係碾琢以獸

考古快照。

面紋飾之外，其他都是光素無紋的樣貌，這種現象一直持續到進入唐代之後，紋飾的設計才充足的列入腰帶具裝飾的行列（圖十八），進而積極擴展其燦爛輝煌的多樣面貌！

圖十八、西安何家村窖藏出土獅紋白玉帶板銙塊和鉈尾上碾琢之獅紋

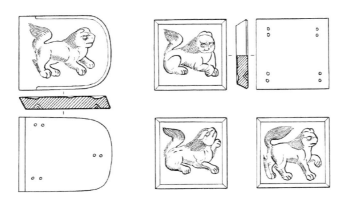

圖片來源：陝西歷史博物館等，《花舞大唐村——何家村遺寶精粹》，北京：文物出版社，2003，頁 209。

在上述腰帶具功能性轉化的探討過程當中，出現兩種較爲特殊的現象，特予以提出而一併討論。

一、同一墓葬中併存帶鉤和套裝腰帶具

帶鉤和套裝腰帶具併存的狀態，甚少出現於南北朝以前的墓葬，[註26] 其後則多有零散出土紀錄，關於其分佈情形及出土內容則以表列方式說明（表二）。

表二、魏、晉、南北朝帶鉤、套裝腰帶具併出同一墓葬統計表

序號	出土時間地點	墓主身份	出土內容	資料來源
01	2004 年南京大光路孫吳薛秋 M1 墓（未受盜擾）	校尉孫秋（孫吳中晚期、西元 222～280）	1、銅帶鉤 1 件	南京市博物館，〈南京大光路孫吳薛秋墓發掘簡報〉，《文物》，

〔註26〕徐州獅子山西漢楚王陵墓中曾併出金扣綴貝腰帶和金、銅帶鉤。獅子山楚王陵考古發掘隊，〈墓徐州獅子山西漢楚王陵墓發掘簡報〉，《文物》，第 8 期（1998），頁 5～32。

		2、銀帶具一組 12 件含：帶扣及飾牌各 1 件、銀懸圓角方牌之銙 4 件、銀懸心形環之銙 5 件。 2-1 銀鉈尾 2-2 銀帶扣 2-3 銀懸圓角方牌之銙 2-4 銀懸心形環之銙 2-5 與帶扣相對的銀飾牌 	2008 年第 3 期，頁 4～15。
02	1984 年內蒙古科左中旗六家子鮮卑墓（被盜擾）	不詳（東漢晚期——西晉、西元 265～316）	1、鎏金銅帶鉤 1 件 2、銀帶扣 2 件 	張柏忠，〈內蒙古科左中旗六家子鮮卑墓群〉，《考古》，1989 年第 5 期，頁 430～438。

		3、鎏銀鏤孔銅牌飾 4 件 4、鎏金捲雲紋鏤孔銅牌 2 件	
03	1991 年湖南安鄉西晉劉弘墓	鎮南將軍劉宏（西晉、西元 265～316）	1、玉帶鉤 2 件 2、崁綠松石龍紋金帶 1 件	安鄉縣文物管理所,〈湖南安鄉西晉劉弘墓〉,《文物》,1993 年第 11 期,頁 1～12。
04	2003 年山東臨沂洗硯池晉 M1 墓（被盜擾）	不詳（西晉晚期——東晉早期、西元 265～420）	1、銅帶鉤 3 件（西室） 2、銅帶扣 2 件（西室）	山東省文物考古研究所,〈山東臨沂洗硯池晉墓〉,《文物》,2005 年第 7 期,頁 4～37。
05	1984 年朝陽前燕奉車都尉墓	前燕奉車都尉（十六國——前燕、西元 337～370）	1、鎏金銅帶鉤 1 件（已殘）	田立坤,〈朝陽前燕奉車都尉墓〉,《文物》,1994 年第 11 期,頁 1～12

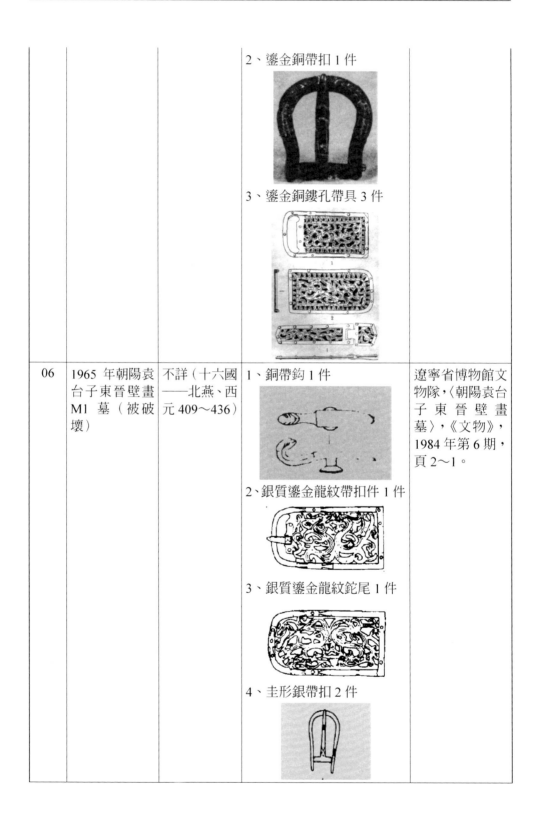

		2、鎏金銅帶扣 1 件		
		3、鎏金銅鏤孔帶具 3 件		
06	1965 年朝陽袁台子東晉壁畫M1 墓（被破壞）	不詳（十六國——北燕、西元 409～436）	1、銅帶鉤 1 件 2、銀質鎏金龍紋帶扣件 1 件 3、銀質鎏金龍紋鉈尾 1 件 4、圭形銀帶扣 2 件	遼寧省博物館文物隊，〈朝陽袁台子東晉壁畫墓〉，《文物》，1984 年第 6 期，頁 2～1。

07	1965 年遼寧北票縣西官營子北燕馮素弗 1 號墓（被盜擾）	範陽公馮素弗（十六國——北燕、西元 409～436）	1、鎏金銅帶鉤 1 件（缺圖） 2、銀帶環 10 件 	黎瑤渤，〈遼寧北票縣西官營子北燕馮素弗墓〉，《文物》，1973 年第 3 期，頁 2～19。
08	1978 年遼寧朝陽發現北燕、北魏墓（北燕八寶村 1 號墓）	不詳（十六國——北燕、西元 409～436）	1、銅帶鉤 1 件 2、鎏金銅帶卡 2 件 3、鎏金銅帶扣 2 件 	朝陽地區博物館，〈北遼寧朝陽發現北燕、北魏墓〉，《考古》，1985 年第 10 期，頁 915～929。
09	1954 年西安郭家灘隋姬威墓（被破壞）	隋大業 6 年（西元 610 年）	鎏金銅帶鉤（缺圖） 玉帶具（殘件不齊） 	陝西省文物管理委員會，〈西安郭家灘隋姬威墓清理簡報〉，《文物》，1959 年第 8 期，頁 4～7。

　　由表列的內容中可以發現：此一階段的帶鉤在材質使用上，除了傳統的玉料之外，金、鎏金、銀、青銅等均多樣併陳；但在套裝腰帶具上卻呈現金屬材質獨領風騷的樣態，其出土位置亦多數集中在長城以北及東北地區，可見北方草原民族將嗜愛金屬材質的習性，也一併置入套裝腰帶具的製作上，其明顯異於華夏中原地區器物慣用的材質。

不過；表列墓葬多數已經被盜擾或遭其它破壞，導致墓葬中墓主遺骸多已無存，僅山東臨沂洗硯池晉 M1 墓主屍骨尚存，但其銅帶鉤及銅帶扣散置於屍骨腰部、髖部附近，難以辨識兩者用途是否一致。朝陽前燕奉車都尉墓之出土報告雖推測，已殘之鎏金銅帶鉤可能非實用品，不過；其墓蓋在農民挖土時就遭打開，墓內文物也一併被清出，屍身亦僅存大腿骨，〔註 27〕這些狀況對於文物功用的辨識均具有一定之難度。

據此；在這種考古出土現場難以回復的狀態之下，帶鉤及腰帶具的功用實在無從依據其置放於屍骨的位置進行辨識，但是；帶鉤和套裝腰帶具構件為何併存於同一墓葬的特殊現象，還是對其時代功能的演化具有相當的參考價值，其中是否隱含兩者在發展過程中使用和功能上，發生重疊與過渡的現象？非常值得繼續深入追蹤和研究。

二、戰國到西漢時期「玉腰帶」問題探討

2012 年山東臨淄範家村墓地的 M270 墓（出土報告推測應為戰國晚期到西漢早期墓葬），在墓主胸骨下方近腰部處，出土由 7 件長方形、8 件方形玉片組成的「青玉腰帶」一副（圖十九、平面圖編號 7 位置；圖二十一、B 位置）。〔註 28〕這座墓地群的 6 座墓葬中，除 M4 墓被嚴重盜擾外，M5、M270、M275、M670 等墓均未經盜擾而保存狀態完整；其中除 M270 墓出土「青玉腰帶」（缺帶頭）外，M5 和 M275 墓均出土銅帶鉤，M670 墓則未發現帶鉤。

M275 墓主腰骨部位出土銅帶鉤（圖二十、平面圖編號 5 位置）、M5 墓銅帶鉤出土狀況和 M275 墓相同；按 M5 和 M275 墓銅帶鉤均出土於墓主腰骨部位，顯然係為繫結腰帶之用！M270 墓出土之所謂「玉腰帶」，則約略橫向排列於墓主胸骨下方近腰骨部位，但是；M270 墓中出土報告所稱之「玉腰帶」，雖然具有類似飾銙的長方形和方形玉片，且其四角均有繫綁革帶用之穿孔，卻未見重要繫結用的「帶頭」；這種特殊的現象似有進一步深入探討之必要。

〔註 27〕 田立坤，〈朝陽前燕奉車都尉墓〉，《文物》，第 11 期（1994），頁 36。
〔註 28〕 臨淄市臨淄區文物局，〈山東臨淄範家村墓地 2012 年發掘簡報〉，《文物》，第 4 期（2015），頁 9～27。

圖十九、M270 墓出土玉帶具　　　圖二十、M275 墓出土銅帶鈎

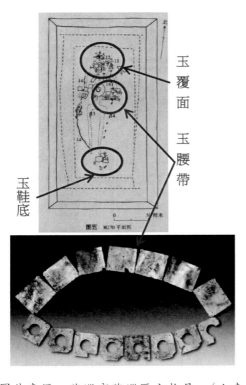

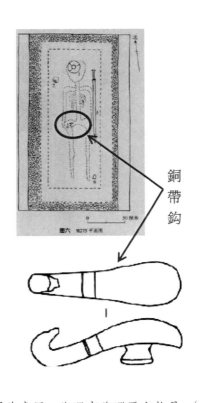

圖片來源：臨淄市臨淄區文物局，〈山東　　圖片來源：臨淄市臨淄區文物局，〈山
　　　臨淄範家村墓地 2012 年發掘　　　　　東臨淄範家村墓地 2012
　　　簡報〉，《文物》，2015 年 4 期，　　　　年發掘簡報〉，《文物》，
　　　頁 9～27。　　　　　　　　　　　　　2015 年 4 期，頁 9～27。

　　就上述出土報告中將 M270 墓出土的玉片組合定名為「玉腰帶」的看法；
本文試就其疑點說明如下：

　　（一）這些玉片組合（7 件長方形玉片、8 件中間鑽以圓孔之方形玉片），
除了缺少重要的繫結用構件「帶頭」外，其背面亦未見充作飾牌類器物穿繫
束帶使用之環紐；假設將這種玉片組合視為「腰帶」，則其如何發揮穿繫束帶
的使用功能實令人費解？

　　（二）這些組合用玉片雖然缺乏帶頭與環紐，但是在其玉片之四角上均
鑽有小孔，似可提供玉片定著於腰帶周邊而成為裝飾用物，只是；這種以純
以玉片作為裝飾的腰帶，至少在戰國及兩漢時期並沒有任何出土之實例報告。

　　針對上述諸多疑點，筆者再重新檢視出土報告對文物之清點和描述；發現 M270 墓除了出土所謂「玉腰帶」之外，亦出土玉覆面（圖十九、平面圖編號 10 位置；圖二十一、A 位置）及玉鞋底一對（圖十九、平面圖編號 8、9 位置；圖二十一、C 位置），若就其分置於墓主頭部、腰部和足部的狀況研判；因此似具有以「玉覆面」、「腰部玉片」與「玉鞋底」，三者共構成為「玉衣」的可能性。

圖二十一、M270 墓出土陪葬品排列圖（由西向東攝）

圖片來源：臨淄市臨淄區文物局，〈山東臨淄範家村墓地 2012 年發掘簡報〉，《文物》，2015 年 4 期，頁 9～27。

　　就此；筆者參閱戰國及兩漢時期玉衣出土的相關報告，就上述「腰部玉片」與「玉覆面」、「玉鞋底」共構成為「玉衣」之可能性論述如下：

　　1、1978 年在山東臨沂西漢劉疵墓出土中，曾出土由包括由金縷玉片綴成之頭罩、玉手套與玉腳套等文物，出土報告認為應係金縷玉衣發展的初步階段；並列舉東周魯國故城望父台 58 號墓，墓主全身上下共鋪蓋以 16 塊玉璧；52 號墓墓主身上亦鋪蓋 9 塊、身下 8 塊玉璧；河南中州路（西工段）的一些東周墓葬中，在死者的面部、身上甚至是腳下，均放置以有穿孔的玉石片，

均一併推論爲同屬玉衣的原始雛型。〔註 29〕盧兆蔭在〈試論兩漢的玉衣〉專文中，也認同這種將僅有頭部和手足的「玉衣」，是從綴玉覆面、綴玉衣服發展到完整玉衣的過渡型態，應係早期玉衣形式的可能性（圖二十二）。〔註 30〕

圖二十二、山東臨沂西漢劉疵墓墓葬平面圖

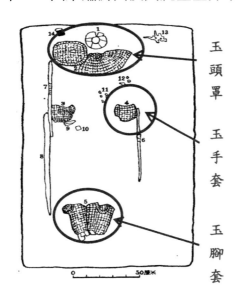

圖片來源：臨沂地區文物組，〈山東臨沂西漢劉疵墓〉，《考古》，
1980 年 6 期，頁 493～495。

2、1992 年在徐州韓山西漢 M1 墓中，亦出土由 600 餘枚青玉質玉片共構之玉衣，出土報告推論這件玉衣亦由頭、手、足三個部份組成，雖然具備與西漢中期以後完整玉衣之特徵，但仍與日後所持續發展將身體全部包裹的玉衣型態不同，暫且稱之爲「玉套」，應係玉衣形成早期階段之樣貌。〔註 31〕

此種狀態亦類似於 1983 年廣州象崗西漢南越王墓所出土的玉衣型態，〔註 32〕盧兆蔭並針對該種玉衣型態，在〈南越王墓玉器與滿城漢墓玉器比較研究〉專文中，就玉衣之頭套、手套和鞋部份，其使用之玉料和作工明顯優

〔註 29〕臨沂地區文物組，〈山東臨沂西漢劉疵墓〉，《考古》，第 6 期（1980），頁 493～495。

〔註 30〕盧兆蔭，〈試論兩漢的玉衣〉，《考古》，第 1 期（1981），頁 51～58。

〔註 31〕徐州博物館，〈徐州韓山西漢墓〉，《文物》，第 2 期（1997），頁 26～42。

〔註 32〕廣州象崗漢漢墓發掘隊，〈西漢南越王墓發掘初步報告〉，《考古》，第 3 期（1984），頁 222～230。

於其他部份，說明該玉衣原本應僅製作頭、手、足三部份，屬於早期玉衣的形制，上衣和褲筒則是死時匆促補上的，所以出現玉料和作工優、劣雜陳之現象。〔註33〕

　　透過上述出土報告和學者之評論，可以發現玉衣的型態似乎呈現由點到面的發展趨勢，玉覆面則早於玉衣出現之前就已經作為逝者殮葬用的器具，其使用至少在西周時期就已經成形，並且持續沿用到西漢晚期。〔註34〕其後玉覆面的使用雖然因為殮葬習俗的改變而逐步衰微，但是其形式卻為後續的玉衣所沿用和轉換；且在兩者轉換接續的過程之中，一併產生諸如前述河南中州路（西工段）東周墓葬或徐州韓山西漢M1墓等，各類過渡期之「玉衣」雛型。

　　因此M270墓同時出土玉覆面、腰部玉飾片、玉鞋底等組合，很可能係屬於過渡期「玉衣」其中一種較早期的特殊型態，因為西漢時期玉衣其覆之於逝者頭部者，是一種將眾多玉片整齊排列，並縫合或黏貼於縷線編織成形之「頭罩」；並非如M270墓所出，依頭部五官之外形事先裁切相似玉片，再按其相對位置縫合或黏貼的「覆面」（圖二十三）。

圖二十三、山東臨沂西漢劉疵墓出土玉頭套

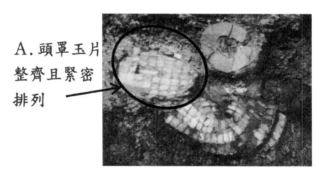

A.頭罩玉片整齊且緊密排列

圖片來源：（A）臨沂地區文物組，〈山東臨沂西漢劉疵墓〉，《考古》，1980年6期，頁93～495。

〔註33〕盧兆蔭，〈南越王墓玉器與滿城漢墓玉器比較研究〉，《考古與文物》，第1期（1998），頁43～49。

〔註34〕長安張家坡M157西周懿王時期的井叔墓葬，出土單面有紋飾類似玉覆面構件的玉器，可能是目前可以確定年代最早的玉覆面。鄭同修、崔大庸，〈考古發現的玉覆面及相關問題〉，《中國玉文化玉學論叢·四編·下》（北京：紫禁城出版社，2006），頁764～785。

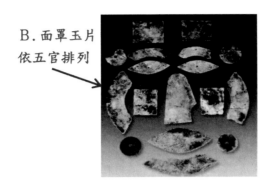

　　此外；從出土報告所附照片中，可以察覺 M270 墓主腰部置放之玉片組合
多有破損、玉覆面之玉片除略有破裂之外，在其左眼上方眉形玉片、左邊耳
形玉片下方、中間鼻形玉片左下方、嘴部下方下巴形玉片等處，均似有切割
及改造之痕跡（圖二十一、D 處標示），可能係舊玉改造後再重覆使用。學者
曾觀察徐州子房山 3 號漢墓及後樓山漢墓出土的玉覆面，發現所用玉片有以
他類型玉器或殘器改製的痕跡，認為係漢代玉覆面製作的特徵，〔註 35〕這種
現象也出現徐州獅子山西漢楚王陵出土玉衣之玉片上。〔註 36〕

　　至於 M270 墓出土的玉片其質地亦不夠緊密、精美，因而嚴重受沁呈現灰
白色。上述玉片玉質的狀況恰足以反應出土報告所言：M270 墓主生前可能只
是具有一定的社會地位，屬於較為富裕的中小地主或官吏，所以其用玉只能
以質地較差或舊玉改造的方式充數之事實；因為如屬王侯級玉衣用料其質地
均相當精美，例如：徐州獅子山西漢楚王陵出土玉衣組成玉片，出土報告稱
其：全是新疆和闐玉、裁片精薄、表面拋光。〔註 37〕廣州象崗西漢南越王墓
玉衣用玉片，出土報告亦稱其「琢磨光潔」。〔註 38〕

　　綜上所述；依據孫機對於腰帶具發展過程之研究，在戰國晚期到西漢時

〔註35〕李銀德，〈徐州出土西漢玉面罩的復原研究〉，《考古與文物》，第 4 期（1993），
　　　　頁 46～49。

〔註36〕出土報告中稱玉衣用料中，有些用破碎的廢玉器再次加工，其背面仍留有原
　　　　來的圖案與花紋。獅子山楚王陵考古發掘隊，〈徐州獅子山西漢楚王陵發掘簡
　　　　報〉，《文物》，第 8 期（1998），頁 21。

〔註37〕獅子山楚王陵考古發掘隊，〈徐州獅子山西漢楚王陵發掘簡報〉，頁 21。

〔註38〕廣州象崗漢墓發掘隊，〈西漢南越王墓發掘初步報告〉，頁 224。

期之「腰帶具」，均具有穿孔或未穿孔之「帶頭」（帶鐍），方能實際發揮其繫結之作用。〔註39〕因此 M270 墓在未併出繫結用「帶頭」的狀態下，僅依據其出土於墓主「腰部」位置，而將該玉片組合稱為「玉腰帶」，這種說法似有商榷之餘地。

本文則依據「腰部玉片」在玉片四角均鑽有小孔，可作為穿繫縫製於逝者身上衣物之用，而將「玉覆面」、「腰部玉片」以及「玉鞋底」三者之組合，稱之為殮葬用「玉衣」在使用和發展上的特殊過渡類型；然這種推論目前因出土文物純屬「孤例」，亦需待更多出土實物的證明。究竟 M270 墓主腰部出土之玉片組合其實際作用和名稱為何？是「玉腰帶」？或「特殊過渡型玉衣」之組成構件？均有重新再檢視和探析的空間。

小　結

上述關於探討同一墓葬中併存帶鉤、套裝腰帶具構件之現象，其目的在說明歷史文物的演化與興替，並沒存或廢的絕對性界線，其進程往往呈現由發生、成長、高峰和衰退所建構一種使用上的生命週期；腰帶具中單一帶鉤與套裝腰帶具之發展，在這種生命週期的演化過程中，雖然各依其擅長進行形制上之變革，但是兩者在使用上或具有重疊或並行不悖的過渡時期，因此出現了上述同一墓葬併出的狀況，本文復以墓葬同出的特殊實例印證這種可能狀態的存在。至於；「玉腰帶」？「過渡型玉衣」？這個議題的探討原不在本文探討範圍內，但其與「玉腰帶」之探源與辨識具有一定的關聯性，因此一併提出說明並討論之。

唐代以前腰帶具的發展已如前述，其形式從單一物件發展到組裝套件，功能則由實用轉向裝飾性，在材質上分呈金、玉互相輝映的特色；帶鉤則因服飾潮流的改變，造成功能式微終而步下歷史舞臺。然而即使進入了唐代套裝腰帶具的全盛時期，卻仍然可以在少部份的墓葬中發現帶鉤的身影；諸如：初唐李壽墓出土材質不詳的帶鉤（墓中亦出土金帶扣）〔註40〕、河北清河丘家那初唐孫建墓出土銅帶鉤、〔註41〕盛唐李爽墓出土銅帶鉤、〔註42〕吉林永

〔註39〕孫機，《中國古輿服論叢增訂本》（北京：文物出版社，2001），頁 253～264。
〔註40〕陝西省博物館，〈唐李壽墓發掘簡報〉，《文物》，第 9 期（1974），頁 77。
〔註41〕辛明偉、李振奇，〈河北清河丘家那唐墓〉，《文物》，1990 年 7 期，頁 51。
〔註42〕陝西省文物管理委員會，〈西安羊頭鎮唐李爽墓的發掘〉，《文物》，1959 年 3

吉查裡巴靺鞨墓地（M5 墓）出土銅帶鉤（經測定爲隋末唐初到唐中葉的墓葬）、〔註43〕晚唐河東裴氏墓出土鎏金銅帶鉤等；〔註44〕然上述墓葬均因盜擾嚴重、屍骨散落或無存，難以呈現鑑別上的實際效果，其後則不知所終。

期，頁 43。
〔註43〕吉林省文物考古研究所，〈吉林永吉查裡巴靺鞨墓地〉，《文物》，1995 年 9 期，頁 43～45。
〔註44〕陝西省考古研究所，〈西安市長安區晚唐時期令狐家族墓葬發掘簡報〉，《文博》，2011 年 5 期，頁 20。

第參章　唐代玉製腰帶具出土概況分析

第一節　唐代墓葬、窖藏玉製腰帶具出土統計

　　唐代以前腰帶具的發展已如前述，在形制上除了呈現由單一物件到組裝套件的演化趨勢，其中亦存在過渡期兩者併存的事實；在功能上則具有由實用轉向以身分表徵為主體發展態勢。此外；自陝西咸陽北周若干雲墓出土八環蹀躞玉帶出土之後，似已預告南北朝以降慣用金屬材質製作腰帶具的常態即將發生變革；而揚州市再次出土隋煬帝所屬的十三環蹀躞金玉帶，則正式宣告進入唐代之後華夏傳統的崇玉文化，在腰帶具材質的選用和製作上再次復甦；這種跡象可以從陝西西安何家村、丈八溝、關廟等窖藏，陸續出土多副成套或零散玉質腰帶具的實例中獲得驗證。

　　本文係以唐代玉製腰帶具為探討之主題，因此；筆者以所蒐集並檢視近500 筆關於唐代墓葬、窖藏之出土報告，[註1] 僅就其中材質上屬於玉質或金、

〔註 1〕　筆者查閱相關出土報告計有494 筆（墓葬468 筆、窖藏18 筆、地宮3 筆、城垣遺址5 筆），包括：1.山西：汾陽唐曹怡墓發掘簡報、臨汾市西趙村唐墓發掘簡報等21 筆、狼澗村窖藏金銀器等2 筆、平魯出土一批唐代金鋌等、城垣1 筆，合計24 筆。2.山東：東阿縣曹植墓發掘簡報等2 筆、繁峙縣發現唐代窖藏銀器等2 筆，合計4 筆。3.天津：薊縣白馬泉晚唐墓等合計2 筆。4.北京：劉濟墓考古發掘記、長陽唐墓發掘簡報等合計6 筆。5.四川：什邡市星星村遺址唐宋明清墓葬發掘簡報、什郁縣出土金腰帶等合計16 筆。6.甘肅：合水唐魏哲墓發掘簡報、唐將軍穆泰墓等合計6 筆。7.吉林：敦化六頂山渤海墓清理發掘記、永吉縣查巴村發現二座渤海墓等7 筆、撫松縣發現唐代渤海國豐州城遺址1 筆，合計8 筆。8.安徽：繁昌唐墓、郎溪唐宋墓等合計6 筆。9.江西：會昌唐墓、紹興唐墓等合計8 筆。10.江蘇：儀征唐墓、揚州邗江縣楊廟唐墓8 筆、揚州發現一批窖藏唐代金首飾2 筆，合計10 筆。11.河北：雞澤縣唐代

玉質共構之腰帶具作爲統計與分析之標的；其它材質之腰帶具則暫不列入本章統計與分析之範疇。

　　至於唐代玉製腰帶具出土概況之統計，本章將以出土統計表、數量、紋飾、結構特徵等分類統計表分別計算。從出土統計表中在出土地區與歷史分期統計所得數據，可以呈現玉製腰帶具在時間和空間上的分布與對應關係（表三）。數量、紋飾與結構特徵分類統計其所得數據，則可印證唐代玉製腰帶具的存世數量、紋樣裝飾風格、功能取向持續或轉變等諸多重要訊息。

表三、唐代墓葬、窖藏玉製腰帶具出土統計表

出土型態	編號	名稱	墓葬、窖藏年代	出土時間	出土地點	墓主或窖藏所有人	出土內容	資料來源
葬墓	A1	竇皦墓	初唐（貞觀元年、公元 627 年）	1992	陝西長安縣南王裡村（京畿道）	竇皦（上柱國左衛府中郎將）	玉梁金筐寶鈿眞珠裝蹀躞帶 1 條（圓形寶鈿銙 8 塊、圓首矩形寶鈿銙 3 塊、圓形寶鈿偏心孔環 1 塊、圓首矩形寶鈿鉈尾 1 塊、玉梁寶鈿蹀躞飾由上、下節各 1 飾塊鉚合，計 15 塊）	負安志，〈陝西長安縣南王裡村與咸陽飛機場出土大量隋唐珍貴文物〉，《考古與文物》，1993 年 1 期。

墓葬發掘簡報、邢臺中興西大街唐墓、唐安元壽夫婦墓發掘簡報等 43 筆、正定開元寺發現初唐地宮 1 筆，合計 44 筆。12.河南：伊川鴉嶺唐齊國太夫人墓、偃師杏園村的六座紀年唐墓、洛陽王城大道唐墓（IM2084）發掘簡報等 90 筆、登封法王二號塔地宮 1 筆、洛川出土唐代鎏金銅造像等窖藏 2 筆、隋唐宮城遺址中出土的銀鋌和銀餅 1 筆，合計 94 筆。13.浙江：紹興唐墓、寧波唐墓等 9 筆、嵊泗出土唐代窖藏銅質鹿紋帶飾等 2 筆，合計 11 筆。14.陝西：唐昭陵新城長公主墓發掘簡報、惠莊太子墓發掘簡報、西安西郊棗園唐墓清理簡報等 147 筆、西安西郊出土的唐代玉帶等窖藏 8 筆、扶風法門寺地宮發掘簡報 1 筆、長安城東市遺址出土金鋌等 2 筆，合計 151 筆。15.湖北：巴東義種地墓葬發掘報告、巴東楠木園遺址 2001 年夏季發掘簡報等合計 19 筆。16.湖南：岳陽桃花山唐墓等合計 7 筆。17.雲南：安寧縣小石莊唐墓清理簡報合計 1 筆。18.廣西：欽州隋唐墓等合計 2 筆。19.廣東：唐張九齡墓等合計 10 筆。20.遼寧：朝陽北朝及唐代墓葬、朝陽五座唐墓、朝陽市郊唐墓等合計 17 筆。21.寧夏回族自治區：固原唐史道德墓清理簡報、唐史鐵棒墓等合計 8 筆。22.黑龍江省：海林市山嘴子渤海墓葬等合計 3 筆。23.新疆：伊犁昭蘇縣古墓葬出土金銀器等珍貴文物等合計 8 筆。24.蒙古（含內蒙）：蒙古國布林幹省巴彥諾爾突厥壁畫墓的發掘、內蒙和林格爾縣土城子古墓發掘簡介等合計 10 筆。25.福建：武夷山市發現唐墓、泉州市河市鎮貞觀廿二年唐墓等合計 12 筆。

葬墓							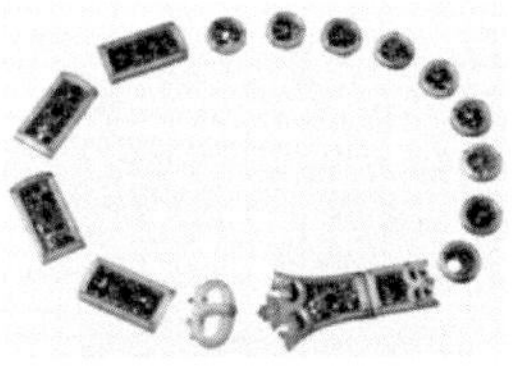 圖片：劉雲輝，《北周隋唐京畿玉器》，重慶：重慶出版社，2000，圖21。
葬墓	A2	永泰公主墓	盛唐（中宗神龍二年、公元706年）	1960	陝西省西安乾陵陪葬墓（夫婦合葬墓）（京畿道）	唐高宗孫女永泰公主	玉帶飾鑄表框1塊，玉偏心孔環2塊 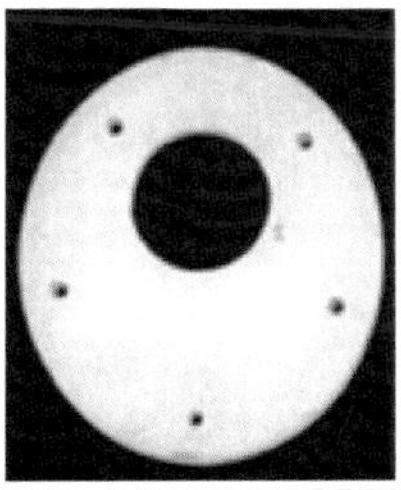 陝西省文物管理委員會，〈唐永泰公主墓發掘簡報〉，《文物》，1964年1期，頁7～33。 圖片：劉雲輝，《北周隋唐京畿玉器》，重慶：重慶出版社，2000，圖T131、T132。
葬墓	A3	姚懿墓	初唐至盛唐（姚懿卒於高宗龍朔三年，玄宗開元三年其子姚崇爲父遷葬新墳並置入蹀躞玉帶）	1983	河南省陝縣張茅鄉西崖村（河南道）	姚懿（巂州都督贈幽州督都吏部尙書）	蹀躞玉帶一條（方形鑄飾4塊、半圓鑄飾7塊、鉈尾1塊，帶扣1塊，計13塊 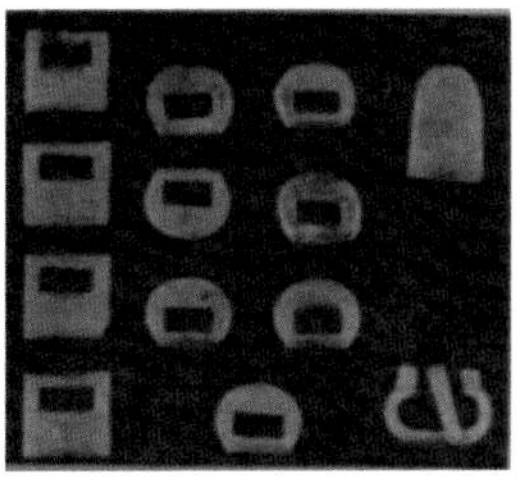 河南省文物研究所，〈陝縣棗園姚懿墓發掘報告〉，《華夏考古》，1987年1期，頁126～137。
葬墓	A4	不詳	盛唐	1981	陝西省禮泉縣昭陵陵園陪葬墓（京畿道）	不詳	白玉碾伎樂紋鉈尾1塊  中國玉器全集編輯委員會編，《中國玉器全集——隋唐》，河北：河北美術出版社，1993，圖56、57。

| 葬墓 | A5 | 不詳 | 盛唐 | 不詳 | 陝西省西安市棗園（京畿道） | 不詳 | 白玉碾伎樂紋方銙 2塊   白玉胡人獻寶紋方銙 1塊  | 圖片：中國玉器全集編輯委員會編，《中國玉器全集——隋唐》，河北：河北美術出版社，1993，圖 53、54、55。 |
| 葬墓 | A6 | 不詳 | 盛唐 | 不詳 | 陝西省西安市東郊堡子村韓森寨（京畿道） | 不詳 | 青玉胡人獻寶紋方銙 1塊  | 張正嶺，〈西安韓森寨唐墓清理記〉，《考古》，1957 年 5 期，頁 57～62。 圖片：中國玉器全集編輯委員會編，《中國玉器全集——隋唐》，河北：河北美術出版社，1993，圖 51。 |

葬墓	A7	不詳	盛唐	不詳	陝西省西安郭家灘（京畿道）	不詳	方形白玉碾伎樂紋飾銙1塊 	蔣方錫，〈西安郭家灘唐墓清理簡報〉，《考古通訊》，1956年6期，頁51～53。 圖片：中國玉器全集編輯委員會編，《中國玉器全集——隋唐》，河北：河北美術出版社，1993，圖62。
葬墓	A8	不詳	盛唐	1980	陝西省西安市堡子村（京畿道）	不詳	方形青玉花卉紋飾銙1塊 	中國玉器全集編輯委員會編，《中國玉器全集——隋唐》，河北：河北美術出版社，1993，圖6。
葬墓	A9	渤海王室墓	晚唐	2004	吉林省和龍渤海王室墓群（河北道）	渤海王室	金托玉帶1組（方形飾銙6塊、半圓飾銙11塊、鉈尾1塊，共18塊） 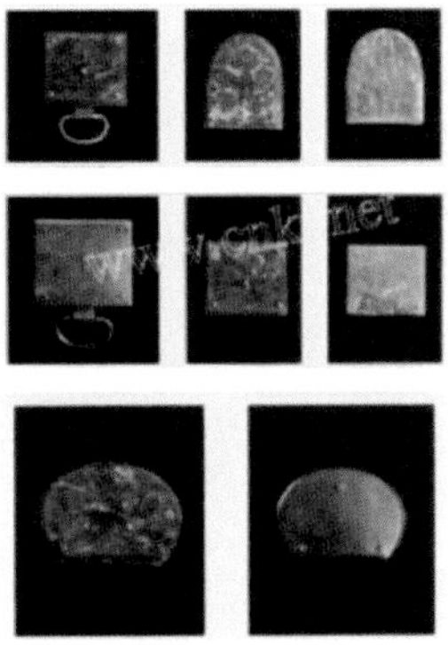	吉林省文物考古研究所等，〈吉林和龍市龍海渤海王室墓葬發掘簡報〉，《考古》，2009年6期，頁23～39。

葬墓	A10	不詳	不詳	不詳	陝西省西安市劉村（京畿道）	不詳	方形青玉碾伎樂紋飾銙1塊 	中國玉器全集編輯委員會編，《中國玉器全集——隋唐》，河北：河北美術出版社，1993，圖52。
窖藏	B1	陝西西安何家村	盛唐	1987	陝西西安南郊何家村（京畿道）	不詳（推測可能為邠王或租庸史劉震）	1、碾伎樂獅紋白玉帶1條：飾銙、鉈尾計16塊（缺帶扣） 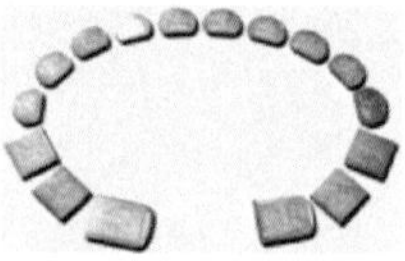 2、碾獅紋白玉帶1條：飾銙、鉈尾計15塊、帶扣1塊 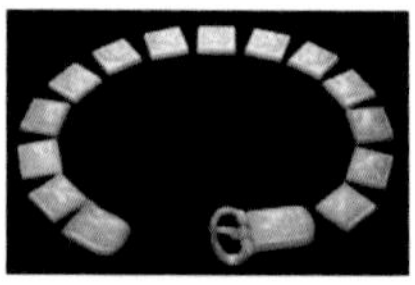 3、白玉純方玉帶1條：飾銙、鉈尾計15塊（缺帶扣） 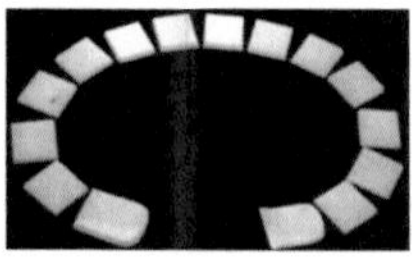 4、白玉有孔帶1條：飾銙、鉈尾計15塊、帶扣1塊  5、斑玉帶1條：飾銙、鉈尾15塊、帶扣1塊 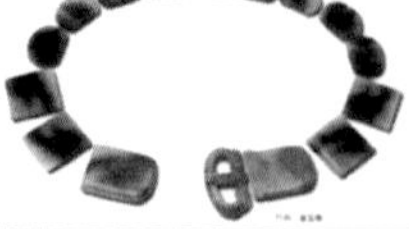	陝西省博物館、文管會、革委會寫作小組，〈西安南郊何家村發現唐代窖藏文物〉，《文物》，1972年第1期。 圖片：劉雲輝，《北周隋唐京畿玉器》，重慶：重慶出版社，2000，圖T138、T116、T158、T136、T135、T161、T159、T156、T162、T111。

| 窖藏 | B1 | 陝西西安何家村 | 盛唐 | 1987 | 陝西西安南郊何家村（京畿道） | 不詳（推測可能爲邠王或租庸史劉震） | 6、深斑玉帶 1 條：飾銙、鉈尾計 15 塊、帶扣 1 塊）

7、骨咄玉帶 1 條：飾銙、鉈尾計 15 塊、帶扣 1 塊）

8、更白玉帶 1 條：飾銙、鉈尾計 15 塊（缺帶扣）

9、白瑪瑙鉸具 1 條：飾銙、鉈尾 15 塊（缺帶扣）
 | 陝西省博物館、文管會、革委會寫作小組，〈西安南郊何家村發現唐代窖藏文物〉，《文物》，1972 年第 1 期。
圖片：劉雲輝，《北周隋唐京畿玉器》，重慶：重慶出版社，2000，圖 T138、T116、T158 T136、T135、T161、T159、T156、T162、T111。 |
| 窖藏 | B1 | 陝西西安何家村 | 盛唐 | 1987 | 陝西西安南郊何家村（京畿道） | 不詳（推測可能爲邠王或租庸史劉震） | 10、九環蹀躞帶 1 條（白玉）：
白玉質地附環方銙 9 塊、柿蒂形方銙 2 塊、有孔尖拱形飾銙 3 塊、圓首矩形飾銙 1 塊、圓形偏心孔環 8 塊、鉈尾 1 塊、帶扣 1 塊，合計 25 塊 | 陝西省博物館、文管會、革委會寫作小組，〈西安南郊何家村發現唐代窖藏文物〉，《文物》，1972 年第 1 期。 |

								圖片：劉雲輝，《北周隋唐京畿玉器》，重慶：重慶出版社，2000，圖 T138、T116、T158、T136、T135、T161、T159、T156、T162、T111。
窖藏	B2	丈八溝	盛唐	1987	陝西省西安市西郊丈八溝窖藏（京畿道）	不詳	碾伎樂紋白玉、青玉、青灰玉帶各 1 副，方形飾銙、鉈尾計 39 塊（缺帶扣） 	王光青，〈西安發現唐代樂舞玉帶銙〉，《文博》，1993 年《玉器研究專刊》增刊 2 號，78〜81。 圖片：劉雲輝，《北周隋唐京畿玉器》，重慶：重慶出版社，2000，圖 T63、T64。
窖藏	B3	西安市三橋關廟小學基建工地	盛唐	1990	陝西省西安市西郊三橋關廟小學基建工地（京畿道）	不詳	碾伎樂紋玉帶零散一批，玉質分屬白玉、青玉、青灰玉和墨玉不等（方形飾銙、鉈尾計 18 塊，均缺帶扣） 圖 1、 圖 2、 	王自立、張全民，〈西安西郊出土的唐代玉帶〉，《考古與文物》，1992 年第 5 期。 圖片 1：劉雲輝，《北周隋唐京畿玉器》，重慶：重慶出版社，2000，圖 T80。 圖片 2、3：筆者自拍於西安博物館展廳（104 年 5 月 27 日）

窖藏	B4	合肥市省糧校工地	不詳	1979	安徽合肥市省糧校工地（淮南道）	不詳	圖3、 胡人托盞青白玉方銙1塊	古方，《中國出土玉器全集6——安徽》，北京：科學出版社，2005，圖168。

　　由上表總計 14 處墓葬和窖藏玉製腰帶具出土的情況（塔基、地宮、石函、城垣遺址等，尚未有玉製腰帶具出土紀錄），可以發現墓葬出土 3 副、窖藏出土 13 副，總計 16 副腰帶具；其中墓葬 3 副、窖藏 13 副（墓葬：竇皦墓、姚懿墓、渤海王室墓群各 1 副、共 3 副。窖藏：何家村 10 副、丈八溝 3 副，共 13 副。另外關廟小學出土一批 18 塊零散的玉帶飾銙和鉈尾）。其統計結果與唐代以前玉製腰帶具多零散出土於墓葬而非窖藏的型態有明顯的差異；現透過下列各項的統計圖、表，繼續分析和探究其中可能的形成原因。

小　結

　　本節中以出土數量統計的方式，呈現唐代玉製腰帶具目前存世的狀況，並進而透過統計表所呈現的相關數據，對於玉製腰帶具多數集中出土於窖藏的特殊樣態，持續進行相關成因的探究和分析。

第二節　唐代玉製腰帶具出土地區分布與歷史分期統計

　　運用出土數量統計所得數據，進行出土地區分布及數量統計（圖二十四、﹝註2﹞圖二十五），出土地區分布及數量統計結果，不僅可以顯示玉製腰帶具

﹝註2﹞陳衛平，《中國歷史地圖大圖鑑·上冊·原始時代——唐代》（臺北：天衛文

在空間分布的狀態之外，更可透過不同地域所凝聚的政治、社會、經濟、人文、工藝等區域特性，瞭解唐代玉製腰帶具在製作、使用、發展上之互動趨勢。

透過歷史分期統計圖的分析（圖二十六），將可說明在唐代各個歷史分期（初唐、盛唐、中唐、晚唐）〔註3〕上，玉製腰帶具流行的興、衰態勢；此種結果似已呈現唐代國力之強、弱，似與玉製腰帶具的使用趨勢具有一定的對應關係，其互動影響亦需持續的關注。

化圖書公司，2009），頁99。

〔註3〕 本文採用何偉、李卓對於唐代墓葬歷史分期方法，將唐代墓葬分為：初唐：高祖至太宗時期（618～649）。盛唐：高宗至玄宗時期（650～755）。中唐：肅宗至德宗時期（756～804）。晚唐：德宗以後（805～904）。何偉、李卓，〈略論寧夏地區唐代中小型墓葬分期〉，《華夏考古》，第3期（2015），頁99。

圖二十四、唐代玉製腰帶具出土地區分布圖

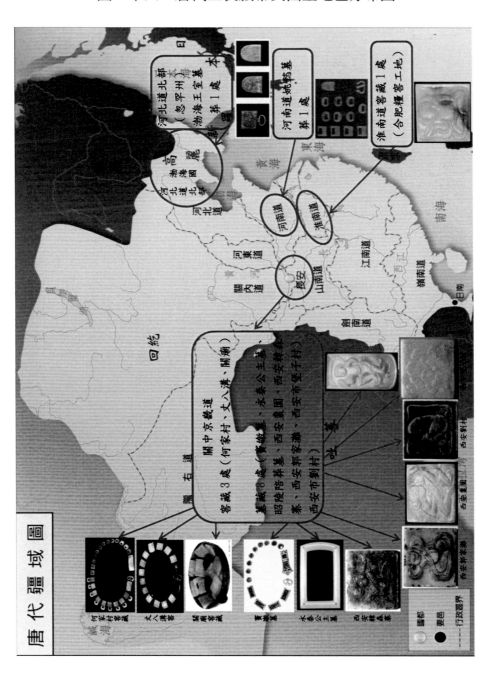

圖二十五、出土地區統計圖

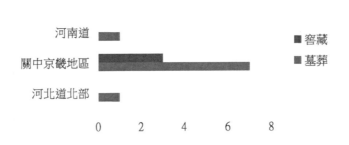

圖二十六、歷史分期數量統計圖

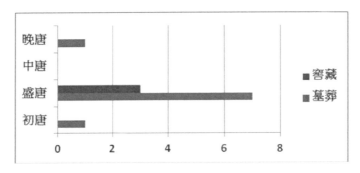

　　圖二十四所列總計 14 處唐代玉製腰帶具出土地區分布圖中，西安劉村墓葬與安徽合肥糧校工地窖藏等二處，其確切埋藏時期不詳暫時無法列入統計；因此圖二十五出土地區統計圖、圖二十六歷史分期數量統計圖，其實際統計數量係爲：墓葬 9 處、窖藏 3 處，合計 12 處。

　　依出土地區分布圖與統計圖所呈現的數據可以發現：在空間分布上係以唐代政、經中心的關中京畿地區及其以南地區，爲唐代玉製腰帶具出土數量分布最多的地區；至於以北地區（東北）目前僅有渤海屬國出土金托玉帶 1 組。

　　渤海地區的住民原屬於東北地區古老民族的粟末靺鞨族，在高王大祚榮的帶領之下建立渤海王國，西元 713 年受玄宗敕封爲「渤海郡王」正式臣屬於大唐；渤海王國自身金屬手工業，包括：鍛鐵、銅冶、金、銀冶都相當發達，在《冊府元龜・朝貢四》和《冊府元龜・朝貢五》中均曾記載：「……遣史獻金、銀……」及「……獻金、銀佛像各一……」。〔註4〕《渤海國志長篇》

〔註4〕魏國忠、朱國忱、郝慶雲，《渤海國史》（中國社會科學出版社、2006），頁 364

也記載：唐朝最高統治者亦曾回賜「紫袍金帶」給渤海貴族。〔註5〕

　　因此透過這種與大唐帝國之間密切的互動關係，顯然渤海人在政治、文化、經濟、宗教等各方面，創造了以漢文化爲核心，又帶有地方特色的新型渤海文化，即「海東文化」。〔註6〕另；渤海王室在工藝技術上，並沒有以自身精湛的細金工藝爲滿足，其將華夏民族傳統的用玉文化溶入其腰帶飾件的製程當中，一舉跨越了地域和民族性之藩籬，並間接影響了其腰帶製作和使用的習性，這種現象似乎從渤王室墓群出土的金托玉帶上，可以獲得若干程度性的證實。

　　至於渤海國碾玉工藝的狀況，在史料上雖沒有明確的記載，但是遼代耶律羽之墓中曾出土穿有「古眼」的玉帶飾銙，耶律羽之在遼太祖滅渤海並改國名爲東丹之後，曾長期受命主政於東丹。〔註7〕就此；墓中所出土玉帶飾銙應有出於前渤海遺民匠師之手的可能。〔註8〕

　　就歷史分期數量統計圖可以發現：在時間分布上；盛唐時期顯然爲玉製腰帶具出土最集中的時期（初唐、晚唐各只出土1處、中唐則無出土紀錄）。至於中、晚唐時期玉製腰帶具出土稀少的原因，在《冊府元龜》卷三十二上〈帝王部・崇祭祀第二〉的記載中似可看出若干徵兆：

> 頃來禮神六器及宗廟奠玉，自馮紹正奏後有司並用珉禮，所謂君子貴玉而賤珉不可用也。……安可以珉代玉惜費事神……自今已後乾坤六器宗廟奠玉並用眞玉諸祀用珉，如以玉難得大者寧小其制度以取其。……

　　這份詔書發佈於盛唐玄宗天寶十年十一月，足證在此之前因爲玉料短缺，所以；「以珉代玉」〔註9〕已經是常態性的應急措施。其後更因爲發生安

　　　～371。

〔註5〕郭文魁，〈和龍渤海古墓出土的幾件金飾〉，《文物》，第8期（1978），頁47。

〔註6〕朱國忱、張泰湘等，〈唐代渤海文化初探〉，《中國考古集成東北卷・兩晉至隋唐（三）》（北京：北京出版社，1997），頁34～38。

〔註7〕內蒙古文物考古研究所，〈遼耶律羽之墓發掘簡報〉，《文物》，第1期（1996），頁26～31。

〔註8〕遼代的金銀工藝相當發達，但玉器工藝因作坊遺址未見出土，學界始終難以論定。2011年於內蒙左旗王家灣遼代遺址中發現大量之瑪瑙碎片，初步推定應爲遼代之瑪瑙或玉器之加工作坊。張亞強，〈內蒙左旗王家灣遼代遺址〉，中國考古學會編，《中國考古學年鑑2012》（北京：文物出版社，2012），頁170。

〔註9〕韓建武認爲唐玉具有廣狹之分；廣意的玉除軟玉（由透閃石、陽起石等礦物組成，亦稱眞玉）外，亦包括水晶、瑪瑙、岷玉、藍田玉及仿玉的琉璃、各

史之亂與並衍生後續的藩鎮割據，徹底斲損了大唐帝國的國力和威信，導致土蕃趁機崛起並阻斷了西域通道以及玉料輸入的途徑，雖然到了懿宗咸通年間沙州敦煌人張義潮率兵驅逐了佔領河西地區的土蕃，終於恢復了西域絲路的暢通，然而此時距離大唐帝國覆滅的時間點已不遠矣（懿宗咸通到末代哀帝只剩短短不到 50 年，公元 859 年到 904 年）。就此；玉料來源的短缺與中、晚唐時期玉製腰帶具出土數量的減少，應有其相當的因果關係。

此外；齊東方曾就唐代喪葬觀念習俗與禮儀制度之變革進行研究，認為在安史之亂以後引發了唐代一系列重大的社會變革，其影響所及造成整個喪葬活動在外在儀式展現上獲得了前有未有的重視，相較於這種喪葬活動重點內容的轉移，其內部（陪葬品）原始重要炫富的角色功能也失去了魅力；〔註 10〕這種結合喪葬觀念習俗以探討禮儀制度變革的啟發性看法，對於釐清中、晚唐時期玉製腰帶具鮮少出土的問題，提供了重要的另類思考途徑。

小　結

本節以唐代玉製腰帶具出土地區分布與歷史分期情形，以統計圖表方式清楚的呈現。在地區分布上呈現：唐代政、經中心的關中京畿地區及其以南地區，係玉製腰帶具出土的密集中心，以北地區則僅出土於域外的渤海屬國；域外的渤海屬國其金銀工藝自古即相當發達，但仍出現融入中土「玉」元素的金托玉帶，充份顯現唐代對於域外國家在文化互動、傳播下的積極影響。

在歷史分期上則顯示：盛唐時期係玉製腰帶具使用的顛峰階段，其自盛唐以後則逐步邁入衰退期（出土數量銳減），究其原因或與盛唐之後國力衰退、戰亂頻仍的時局有關。

第三節　唐代玉製腰帶具（飾銙、鉈尾）出土數量、紋飾、結構特徵分類統計

唐代出土玉製腰帶具在空間和時間上之分布統計已如上述；現就其出土數量、紋飾與結構特徵部份，以下列分類統計表（表四）說明其分布狀態。

色寶石等：其中岷玉就是現在所稱的漢白石。韓建武，〈陝西出土的唐代玉石器及相關問題〉，《上海文博論叢》，第 1 期（2005），頁 8。

〔註10〕齊東方，〈唐代喪葬觀念習俗與禮儀制度〉，《考古學報》，第 1 期（2006），頁 59～78。

然玉製腰帶具是否碾琢紋飾或光素無紋、是否穿孔以為穿繫物件等諸多功能性設計，概以飾銙與鉈尾為呈現之主體，而其間所內蘊之政治、社會、文化等豐富意涵，均為本文後續論述之重點；因此非屬飾銙和鉈尾等構件部份如：帶扣、玉梁外框（永泰公主墓）、偏心孔環（永泰公主墓與竇皦墓）等，暫不納入下列表四之統計範圍。

表四、玉製腰帶具（飾銙、鉈尾）出土數量、紋飾、結構特徵分類
　　　統計表

編號	出土型態	出土內容	外形	光素無紋	數量	碾琢紋飾	數量	銙塊穿孔或附環	數量	銙塊未穿孔或附環	數量
						紋飾、數量				結構特徵	
C1	墓葬	初唐·竇皦墓（玉梁金筐寶鈿真珠裝蹀躞帶）	圓形寶鈿銙		0	●忍冬花卉	8	0		●	8
			圓首矩形銙		0	●忍冬花卉	3	0		●	3
			圓首矩形鉈尾		0	●忍冬花卉	1	0		●	1
			玉梁寶鈿蹀躞飾（由上、下節各1飾塊鉚合）		0	●忍冬花卉	1	0		●	1
C2	墓葬	盛唐·姚懿墓蹀躞玉帶	方形銙	●	4		0	●	4		0
			半圓銙	●	7		0	●	7		0
			圓首矩形鉈尾	●	1		0	0		●	1
C3	墓葬	盛唐·昭陵陪葬墓	圓首矩形鉈尾		0	●胡人樂舞	1	0		●	1
C4	墓葬	盛唐·陝西省西安市棗園	方形銙		0	●胡人樂舞	2	0		●	2
			方形銙		0	●胡人獻寶	1	0		●	1
C5	墓葬	盛唐·西安堡子村韓森寨	方形銙		0	●胡人獻寶	1	0		●	1
C6	墓葬	盛唐·陝西省西安郭家灘	方形銙		0	●胡人樂舞	1	0		●	1
C7	墓葬	盛唐·西安市堡子村	方形銙		0	●花卉	1	0		●	1

	墓葬/窖藏	出土地點	帶名	銙形	光素無紋	數	紋飾	數	銙塊穿孔或附環	數	銙塊未穿孔或附環	數
C8	墓葬	晚唐·吉林省和龍渤海王室墓群（金托玉帶）		方形銙		0	●花草	6	●	4	●	2
				半圓銙		0	●花草	11		0	●	11
				圓首矩形鉈尾		0	●花草	1		1		0
C9	墓葬	陝西省西安市劉村		方形銙		0	●胡人樂舞	1		0	●	1
墓葬項次小計					光素無紋	12	忍冬花卉	13	銙塊穿孔或附環	16	銙塊未穿孔或附環	35
							胡人樂舞	5				
							胡人獻寶	2				
							花卉	1				
							花草	18				
							小計	39				
D1	窖藏	西安南郊何家村	碾伎樂獅紋白玉帶	方形銙		0	●胡人樂舞	4		0	●	4
				圓首矩形銙		0	●胡人持杯	1		0	●	1
				半圓銙		0	●胡人樂舞	5		0	●	5
							●胡人持杯	2		0	●	2
							●胡人歌唱	2		0	●	2
							●獅紋	1		0	●	1
				圓首矩形鉈尾		0	●胡人持杯	1		0	●	1
			碾獅紋白玉帶	方形銙		0	●獅紋	13		0	●	13
				圓首矩形銙		0	●獅紋	1		0	●	1
				圓首矩形鉈尾		0	●獅紋	1		0	●	1
			白玉純方銙玉帶	方形銙	●	13		0		0	●	13
				圓首矩形銙	●	1		0		0	●	1
				圓首矩形鉈尾	●	1		0		0	●	1
			白玉有孔帶	方形銙	●	4		0	●	4		0
				半圓銙	●	9		0	●	9		0
				圓首矩形銙	●	1		0		0	●	1
				圓首矩形鉈尾	●	1		0		0	●	1
			斑玉帶	方形銙	●	4		0		0	●	4
				半圓銙	●	9		0		0	●	9
				圓首矩形銙	●	1		0		0	●	1
				圓首矩形鉈尾	●	1		0		0	●	1

			深斑玉帶	方形銙	●	4		0		0	●	4
				半圓銙	●	9		0		0	●	9
				圓首矩形銙	●	1		0		0	●	1
				圓首矩形鉈尾	●	1		0		0	●	1
			骨咄玉帶	方形銙	●	4		0		0	●	4
				半圓銙	●	9		0		0	●	9
				圓首矩形銙	●	1		0		0	●	1
				圓首矩形鉈尾	●	1		0		0	●	1
			更白玉帶	方形銙	●	4		0		0	●	4
				半圓銙	●	9		0		0	●	9
				圓首矩形銙	●	1		0		0	●	1
				圓首矩形鉈尾	●	1		0		0	●	1
			白瑪瑙鉸具	方形銙	●	4		0		0	●	4
				半圓銙	●	9		0		0	●	9
				圓首矩形銙	●	1		0		0	●	1
				圓首矩形鉈尾	●	1		0		0	●	1
			九環蹀躞玉帶	方形銙	●	9		0	●	9		0
				柿蒂形方銙	●	2		0		0	●	2
				有孔尖拱形銙	●	3		0	●	3		0
				圓首矩形銙	●	1		0		0	●	1
				圓首矩形鉈尾	●	1		0		0	●	1
D2	窖藏	西安八丈溝	碾伎樂紋白玉帶	方形銙		0	●胡人樂舞	9		0	●	9
				方形銙		0	●胡人獻寶	1		0	●	1
				方形銙		0	●胡人觀樂舞	1		0	●	1
				方形銙		0	●胡人持杯	1		0	●	1
				圓首矩形鉈尾		0	●胡人樂舞	1		0	●	1
			碾伎樂紋青玉帶	方形銙		0	●胡人樂舞	10		0	●	10
				方形銙		0	●胡人獻寶	1		0	●	1
				方形銙		0	●胡人歌唱	1		0	●	1
				圓首矩形鉈尾		0	●胡人樂舞	1		0	●	1

			帶飾	銙形	光素	光素無紋	紋飾	數量	穿孔	穿孔數	未穿孔	未穿孔數
			碾伎樂紋青灰玉帶	方形銙		0	●胡人樂舞	9		0	●	9
				方形銙		0	●胡人獻寶	1		0	●	1
				方形銙		0	●胡人觀樂舞	1		0	●	1
				方形銙		0	●胡人持杯	1		0	●	1
				圓首矩形鉈尾		0	●胡人樂舞	1		0	●	1
D3	窖藏	三橋關廟小學基建工地	碾伎樂玉帶飾銙及鉈尾一批	白玉方銙		0	●胡人樂舞	5		0	●	5
				白玉方銙		0	●胡人獻寶	2		0	●	2
				白玉方銙		0	●胡人執瓶	1		0	●	1
				白玉方銙		0	●胡人持杯	1		0	●	1
				白玉圓首矩形銙		0	●胡人持杯	1		0	●	1
				白玉有孔方銙	●	2		0	●	2		0
				白玉有孔圓首矩形銙	●	1		0	●	1		0
				白玉圓首矩形鉈尾	●	1		0		0	●	1
				墨玉有孔圓首矩形銙	●	3		0	●	3		0
				墨玉有孔長方形銙	●	1		0	●	1		0
D4	窖藏	安徽合肥糧校工地	碾伎樂白玉帶	方形飾銙		0	●胡人持杯	1		0	●	1
窖藏項次小計					光素無紋	129	胡人樂舞	45	銙塊穿孔或附環	32	銙塊未穿孔或附環	178
							胡人持杯	9				
							胡人觀樂舞	2				
							胡人歌唱	3				
							胡人執瓶	1				
							胡人獻寶	5				
							獅紋	16				
							小計	81				

墓葬、窖藏項次總計	光素無紋	141	忍冬花卉	13	鑄塊穿孔或附環	48	鑄塊未穿孔或附環	213
			花卉	1				
			花草	18				
			獅紋	16				
			胡人樂舞	50				
			胡人持杯	9				
			胡人觀樂舞	2				
			胡人歌唱	3				
			胡人執瓶	1				
			胡人獻寶	7				
			合計	120				

　　統計表中總計 261 塊各類飾銙、鉈尾，其數據呈現出下列幾項獨特的現象：

一、出土總量：窖藏數量多於墓葬

圖二十七、窖藏、墓葬數量統計圖

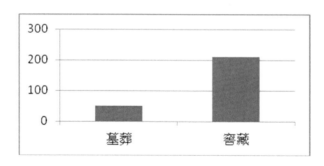

　　總計 261 塊各類飾銙、鉈尾中，窖藏量為 210 塊（何家村一處出土 152 塊），墓葬數量為 51 塊，明顯呈現窖藏數量多於墓葬的現象（圖二十七）；然依唐律規定佩掛玉帶具至少是三品以上官員專屬之權力，而文獻上也經常記載掌權者以「玉質腰帶」作為賞賜和攏絡擁有軍功或特殊貢獻臣子的案例；如：《新唐書・卷九十三・李靖傳》記載：李靖五代孫李彥芳家藏「靖破蕭銑時，所賜於闐玉帶十三胯」、《唐語林・卷二・文學》記載：「……裴晉公平淮西後，憲宗賜玉帶……」〔註11〕等，為何會墓葬與窖藏在出土數量上會出

〔註11〕　（宋）王讜，《唐語林》（臺北：世界書局，2009），頁 49。

現顯失均衡的異常狀態，這種特殊的現象是否表示：唐代玉製腰帶具在使用制度上曾發生若干程度的變革？

　　歷代對於私人貴重物品以窖藏的方式儲存本屬常態，而唐代更是明顯的屢見貴重的金、銀器物大量出土於窖藏的案例，例如：何家村窖藏一次就出土了 270 件金（重量爲唐大兩 298 兩）、銀（重量爲唐大兩 3700 餘兩）器物、〔註12〕江蘇丹徒丁卯橋窖藏亦出土各式銀器高達 960 件等。〔註13〕針對這種現象冉萬里先生曾特別予以統計，發現截至 2005 年止唐代出土金銀器遺跡共計 86 次，而都城長安地區就發現達 58 次，這種具有相當強烈地域性的現象，分析其原因應爲京畿地區本來就是皇室貴族、高級官僚和富商所聚居之所，所以；在財富集中的狀況之下，窖藏當然成爲保護財產的必要手段之一，其出土形式相對容易出現以窖藏數量爲多的趨勢。〔註14〕這種狀態和玉製腰帶具集中且大量出土於窖藏相當類似，何家村一處窖藏即出土多達 152 塊的玉帶飾銙（10 副），幾乎超過總出土數量的二分之一，而其埋藏地點也正好位於關中京畿區域。

　　另有學者認爲這種異常出土狀況，應與遭逢戰亂的發生有關。〔註15〕另外；唐代皇帝喜以金銀器物作爲賞賜與拉攏異己的手段，〔註16〕臣屬則復以貴重金銀器進獻皇帝，以謀己身特定之利益，〔註17〕所以；探究窖藏文物埋藏原因和所有權歸屬問題（其中尤以何家村窖藏出土量最多），應對於上述疑惑之解密具有一定之助益。

　　不過；專家學者們對於何家村窖藏文物所有權的探討，始終呈現眾說紛

〔註12〕陝西省博物館、文管會、革委會寫作小組，〈西安南郊何家村發現唐代窖藏文物〉，《文物》，第 1 期（1972 年），頁 38。

〔註13〕丹徒縣文教局，〈江蘇丹徒丁卯橋出土唐代銀器窖藏文物〉，《文物》，第 11 期（1982），頁 15～24。

〔註14〕冉萬里，〈唐代金銀器社會角色的文化詮釋〉，《西北大學學報‧哲學社會科學版》，2009 年 7 月，第 39 卷第 4 期（2009），頁 52。

〔註15〕丁卯橋出土唐代銀器窖藏文物出土報告中推論：因該批文物上多刻有「力士」二字，可能係盛唐晚期潤州當地之地方官吏或富商，原本欲進貢於權貴高力士之器物，後遭逢劉展和田神功先後之洗劫和破壞時，匆促掩埋入窖的器物。〈江蘇丹徒丁卯橋出土唐代銀器窖藏文物〉，頁 15～24。

〔註16〕申秦雁，〈唐代金銀器鑑賞系列之三：賞賜金銀器，君臣關係的論潤滑劑〉，《藝術市場》，第 10 期（2008），頁 76～77。

〔註17〕盧兆薩，〈從考古發現唐代的金銀進奉之風〉，《考古》，第 2 期（1983），頁 174～175。

紜的狀態。葛承庸認爲係國庫所藏；〔註 18〕榮新江認爲屬私家收藏；〔註 19〕齊東方則推論其爲租庸使劉震在德宗年建中四年涇原兵變時，私自取之於國庫並匆促掩埋之遺寶；〔註 20〕梁子、程雲霞則以其中窖藏錢幣爲主，推論當爲朝廷少府監下轄中尙署、鑄錢院等機構，爲逃避戰亂所掩埋藏匿的。〔註 21〕關於這項爭議不休的議題，本文將另行專章針對唐代制度面上玉製腰帶具之身分關係，試從不同的層面與上述窖藏大量出土的成因進行連結。

二、紋　飾

1、光素無紋或碾琢紋飾之飾銙、鉈尾數量，窖藏均多於墓葬

圖二十八、窖藏、墓葬光素或碾紋統計圖

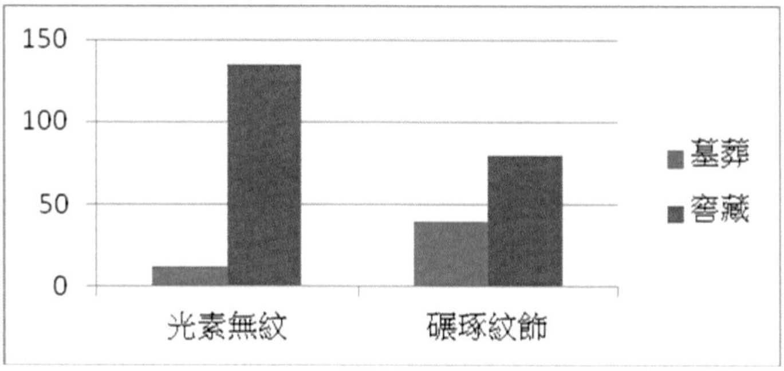

總計 261 塊各類飾銙、鉈尾中，光素無紋 141 塊（墓葬 12 塊、窖藏 129 塊），碾琢紋飾 120 塊（墓葬 39 塊、窖藏 81 塊）；統計數據顯示：不論是光素無紋或碾琢紋飾之飾銙與鉈尾，在數量上窖藏均多於墓葬（圖二十八）。

檢視唐代以前出土各式腰帶具（北魏石函出土的南北朝式銀帶具、北周

〔註 18〕葛承庸以窖藏銀鋌銘刻國庫字樣、儲存用銀盒上似爲內庫出納檢驗墨書字體和皇家才有的製作工藝等理由，推論其應爲國庫所有。〈天下之財富・邦國之寶貨——何家村出土珍寶與唐代國庫之關係〉，陝西歷史博物館，《陝西歷史博物館二十文集》（西安：三秦出版社，2011），頁 28～34。

〔註 19〕榮新江以收藏乃是盛唐長安累積物質文化手段爲引，說明唐代權貴和富商等私人，原本就有收藏諸多珍寶之實力，〈何家村窖藏與唐長安的物質文化〉，陝西歷史博物館，《陝西歷史博物館二十文集》，頁 82～92。

〔註 20〕齊東方，〈何家村遺寶的埋藏地點和年代〉，陝西歷史博物館，《花舞大唐村——何家村遺寶精粹》，（北京：文物出版社，2003），頁 11～16。

〔註 21〕梁子、程雲霞，〈何家村窖藏：製作機構及其世界性意義〉，《西北大學學報（哲學社會科學版）》，第 46 卷第 1 期，2016 年 1 月，頁 32～37。

若干雲墓 8 環蹀躞玉帶、北周武帝孝陵銅腰帶具、隋敦煌太守姬威墓玉帶具、隋煬帝 13 環蹀躞金玉帶等），可以發現其飾銙、鉈尾亦均為光素無紋。而唐代玉製腰帶具中光素無紋部份，係以西安何家村窖藏出土量最多（122 塊）；學者曾依何家村窖藏部份玉帶飾銙背面沒有打孔，推論其為未完成品（或未使用品），〔註22〕因此唐代玉帶飾銙及鉈尾以光素無紋居多的因素，或與尚未碾琢完成有關。

　　然唐代這種異於前朝在腰帶具飾銙、鉈尾上增添碾琢紋飾的創新作法，其巧妙運用圖像因素營造視覺上突出聚焦效果，已經成為後代腰帶具飾銙、鉈尾裝飾上所因襲和傳承的範本。

2、胡人樂舞紋飾銙、鉈尾出土數量最多

圖二十九、窖藏、墓葬玉製腰帶具紋飾類別統計圖

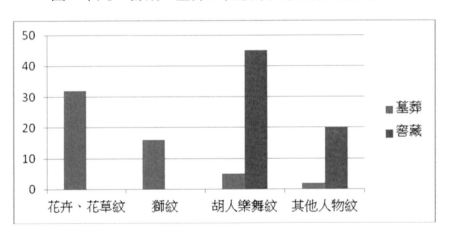

　　小計上圖碾琢紋飾 120 塊飾銙、鉈尾中，忍冬花卉、花卉、花草紋共有 32 塊（僅出於墓葬），獅紋 16 塊（僅出於窖藏）、胡人樂舞紋 50 塊（墓葬 5 塊、窖藏 45 塊）、其他如：胡人獻寶、持杯、持瓶、歌唱、觀賞樂舞紋共有 22 塊（墓葬：胡人獻寶紋 2 塊。窖藏：胡人持杯紋 9 塊、胡人觀樂舞紋 2 塊、胡人歌唱紋 3 塊、胡人持瓶紋 1 塊、胡人獻寶紋 5 塊，合計 22 塊）；此項數據顯示墓葬和窖藏出土之飾銙、鉈尾，已經具有多樣化裝飾母題的發展趨勢

〔註22〕范淑英稱之為「未完成品」。齊東方，〈何家村遺寶的埋藏地點和年代〉，陝西歷史博物館，《花舞大唐村──何家村遺寶精粹》，北京：文物出版社，2003，頁 210～212。劉思哲則稱之為「未使用品」，〈西安何家村唐代窖藏九環玉帶製作時代考〉，《考古與文物》，第 4 期（2013），頁 95～99。

（圖二十九）。

　　在這種多樣化的裝飾母題發展當中，舉凡獅紋、忍冬花卉紋、胡人樂舞紋與其他人物紋等，幾乎全屬於非本土性的外來風貌，所以此項數據相當明顯的反應，唐代玉製腰帶具在飾銙、鉈尾的紋飾設計上，充滿了來自東、西文化交流下的異國風貌，也鮮活的印證唐代社會世俗、現實風情下的獨特意像。

3、紋飾碾琢工法問題探討

　　在討論紋飾類別統計數據之際，與紋飾呈現具有密切關係的碾琢工法問題亦必需併同探究。學界曾謂唐代玉帶飾塊碾製工法的特色乃斜刀下壓、剔地隱起、拱托主體紋飾呈淺浮雕狀，再襯以細密短淺陰線紋，整體圖象呈現線條流暢且氣韻生動貌〔註 23〕；若依此特點檢視、比對下列唐代所出土其他類型玉器的碾製工法，確實出呈現吻合的狀態（圖三十）。

圖三十、唐代玉製腰帶具與其他出土類型玉器碾製工法比較圖

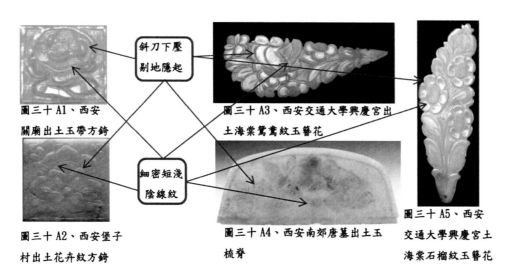

斜刀下壓
剔地隱起

細密短淺
陰線紋

圖三十 A1、西安關廟出土玉帶方銙

圖三十 A2、西安堡子村出土花卉紋方銙

圖三十 A3、西安交通大學興慶宮出土海棠鴛鴦紋玉簪花

圖三十 A4、西安南郊唐墓出土玉梳脊

圖三十 A5、西安交通大學興慶宮土海棠石榴紋玉簪花

　　此外；墓葬、窖藏出土各類玉製腰帶具的飾銙、鉈尾，在碾琢紋飾工法

〔註23〕韓建武以「剔地隱起使主花紋凸出呈浮雕狀」形容唐代玉帶銙碾製工法。韓建武，〈陝西出土的唐代玉石器及相關問題〉，頁 14。劉雲輝則持「剔地隱起並加陰線技法」的看法。劉雲輝，〈唐代玉帶考〉，頁 152。其他如王鈞鋒、梁鄭平等亦有類似的工法說明。王鈞鋒，〈陝西地區出土玉器述要〉，《中原文物》，第 3 期（2011），頁 83。梁鄭平，〈玉帶板初探〉，《中原文物》，第 5 期（2000），頁 44。

上似有明顯的優、劣之分，現將出土具有碾琢紋飾的飾銙和鉈尾，區分甲、乙、丙、丁組等，四組比較圖例說明其區別（圖三十一、三十二、三十三、三十四）。

圖三十一、（甲組）墓葬出土飾銙碾製工法比較圖

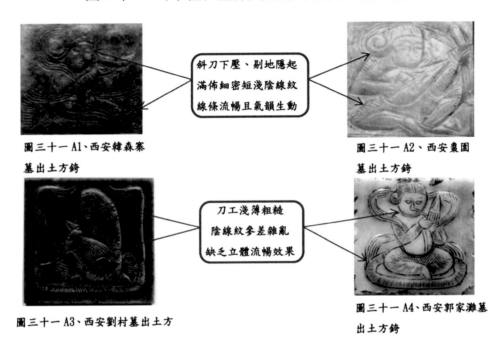

圖三十一 A1、西安韓森寨
墓出土方銙

斜刀下壓、剔地隱起
滿佈細密短淺陰線紋
線條流暢且氣韻生動

圖三十一 A2、西安棗園
墓出土方銙

刀工淺薄粗糙
陰線紋參差雜亂
缺乏立體流暢效果

圖三十一 A3、西安劉村墓出土方

圖三十一 A4、西安郭家灘墓
出土方銙

由甲組墓葬出土飾銙比較圖中可以發現：圖三十一 A1、A2，其碾製工法均採用斜刀下壓、剔地隱起、滿佈細密短淺陰線紋、工法和線條流暢，形成氣韻生動的樣貌。但是圖三十一 A3、A4（出於西安劉村墓與郭家灘墓），則工法淺薄粗糙、陰線紋參差雜亂，缺乏立體流暢效果，顯然出土的玉帶飾銙在碾琢工法上確有之優、劣之別。

圖三十二、（乙組）窖藏出土飾銙碾製工法比較圖

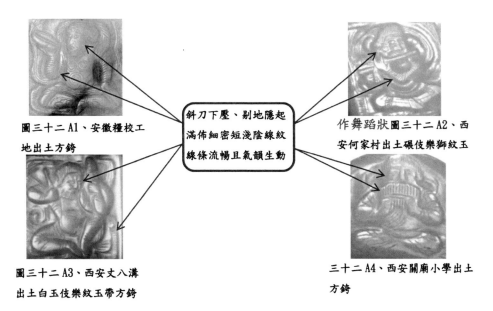

圖三十二A1、安徽糧校工
地出土方銙

斜刀下壓、剔地隱起
滿佈細密短淺陰線紋
線條流暢且氣韻生動

作舞蹈狀圖三十二A2、西
安何家村出土碾伎樂獅紋玉

圖三十二A3、西安丈八溝
出土白玉伎樂紋玉帶方銙

三十二A4、西安關廟小學出土
方銙

在乙組窖藏出土飾銙比較圖中：圖三十二A1、A2、A3、A4等全部的飾銙，均與甲組同樣呈現：斜刀下壓、剔地隱起、滿佈細密短淺陰線紋、工法和線條流暢，氣韻生動的精彩效果。

圖三十三、（丙組）墓葬、窖藏出土鉈尾碾製工法比較圖

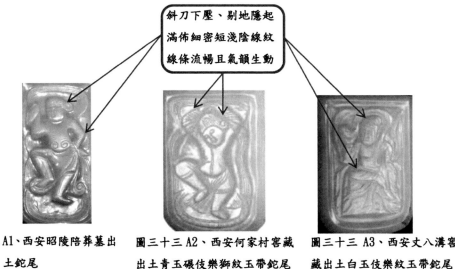

斜刀下壓、剔地隱起
滿佈細密短淺陰線紋
線條流暢且氣韻生動

A1、西安昭陵陪葬墓出
土鉈尾

圖三十三A2、西安何家村窖藏
出土青玉碾伎樂獅紋玉帶鉈尾

圖三十三A3、西安丈八溝窖
藏出土白玉伎樂紋玉帶鉈尾

　　丙組中圖三十三 A1、A2、A3 等 3 塊鉈尾，亦同樣均具有：斜刀下壓、剔地隱起、滿佈細密短淺陰線紋，工法和線條流暢且氣韻生動的碾製效果。

圖三十四、（丁組）墓葬出土花卉、花草紋玉帶飾銙碾製工法、布局比較圖

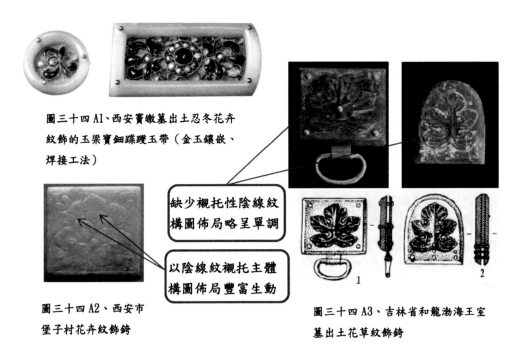

圖三十四 A1、西安竇皦墓出土忍冬花卉紋飾的玉梁寶鈿蹀躞玉帶（金玉鑲嵌、焊接工法）

缺少襯托性陰線紋構圖佈局略呈單調

以陰線紋襯托主體構圖佈局豐富生動

圖三十四 A2、西安市堡子村花卉紋飾銙

圖三十四 A3、吉林省和龍渤海王室墓出土花草紋飾銙

　　丁組比較圖中：圖三十四 A1 雖非純屬玉製工法，係以金、玉共構的精湛鑲嵌、焊接技術，在玉梁表框內以鋪陳各式寶石、細金珠等，藉以架構源自非中土性的忍冬花卉紋飾。

　　圖三十四 A2 西安堡子村墓出土花卉紋飾銙、A3 吉林省和龍渤海王室出土之花草紋飾銙，兩者在碾製工法和花卉圖案布局上明顯具有差別，其原因或與出於中土或域外渤海屬國之碾製有關。

　　就上述圖例比較中所顯示碾製工法上優、劣之差異性，試以出於宮廷玉作坊或民間玉作坊？出自於中土或來自域外碾製？這兩個碾製工法上的問題加以說明之。

　　首先探討宮廷玉作坊和民間玉作坊碾製的問題：檢視唐代文獻、小說均曾記載玉製帶銙或出於「私市」的情事例如；《舊唐書・列傳第七十五・柳渾》：德宗曾命玉工碾製玉帶卻「墜壞一銙」，後玉工「乃私市以補」。《太平廣記・

卷第一百一十七・報應十六・裴度》：婦人遺忘玉帶於廟中幸由裴度歸還，婦曾言「昨貴人假得玉帶二犀帶一，直千餘緡，以賂津要，不幸失去於此」。《太平廣記・卷第二百四十三・治生（貪附）・竇義》：胡人米亮指點竇義取得玉石後「延壽坊召玉工觀之，玉工大驚曰：『此奇貨也，攻之當得腰帶銙二十副』……」。

　　由上由上述三項史料、小說之記載，說明玉製腰帶具在民間「私市」確實具有製造和販賣的情事；並以此印證於中國科學院考古研究所西安唐城發掘隊至 1962 年底，在唐代長安城遺址中西市北街南邊（水溝南側）房址遺跡（珠寶商店舖）中發掘出土了料珠、珍珠和瑪瑙、水晶等裝飾製品；〔註 24〕則民間「私市」具有碾玉和販賣的能力和事實，的確與史料、小說的記載相當吻合。

　　另參閱《舊唐書・列傳第七十五・柳渾》記載，德宗時期的朝廷玉工因為「墜壞一銙」而補於「私市」，卻被眼尖的皇帝以「此何不相類？」戳破並降罪，而所謂：「此何不相類？」，這種疑惑應為飾銙作工優、劣的落差太大，所以瞬間漏出嚴重的破綻所致。就此檢視比較圖甲組中，圖三十一 A3、A4（出於西安劉村墓與郭家灘墓），其工法淺薄粗糙、陰線紋參差雜亂，缺乏立體流暢效果，其碾製工法顯然拙劣於其他各組，似可呼應玉製腰帶具之碾製，確實有非出於宮廷玉作坊，而是來自民間私玉坊的可能性。

　　其次說明是否有出自於中土或域外碾製之可能性：鄧淑蘋曾考據唐代玉器中碾琢胡人樂舞圖像之玉帶飾銙，除了紋飾主題和中原玉器大異其趣外，在線條處理的細膩和流暢程度，亦與漢人玉雕工藝差異甚大，所以可能應有相當比例係來自中亞、西亞等外域。〔註 25〕如再將這種差異與何家村同出的另一件白玉多曲長杯進行比對；則進一步推測其亦應屬於七世紀唐代期間，來自中亞于闐地區玉工的作品。可惜這些地區的玉作總是配合周遭其他強勢文化之需求，僅以玉器的對外銷售為重心，並沒有發展出屬於具有自身特色的玉作傳統，在查證上顯有困難。〔註 26〕

〔註 24〕中國科學院考古研究所西安唐城發掘隊，〈唐代長安城考古紀略〉，《考古》，
　　　　　第 11 期（1963），頁 607。
〔註 25〕鄧淑蘋，〈從「西域國手」與「專諸巷」論南宋在中國玉雕史上的關鍵意義〉，
　　　　　（北京大學《考古學集刊（九）》，文物出版社，2012），頁 413。
〔註 26〕鄧淑蘋在專文中亦援引《新五代史》後晉奉派於闐節度判官高居誨回國所書
　　　　　該國：「器用服飾往往用玉，今中國所有多自彼來耳。」，以及《隋書》西域

　　實務上檢視丁組比較圖之圖三十四 A1，其在紋飾上確屬外來忍冬花卉紋（但屬金、玉共構工法），而圖三十四 A2（花草紋飾銙）、A3（花卉紋飾銙），前者出土於外域屬國渤海屬國墓葬，後者則出土於中土西安興慶宮遺址，兩者的紋飾風格與碾琢工法顯有差異；因此由丁組 A1、A2、A3 所具有外來紋飾或出於域外墓葬，並呈現碾製工法和紋飾上產生差異的狀態，則玉製腰帶具非由本土工匠碾製或直接來自於外域可能性亦相當濃厚（另依其工匠身份或製造地點之不同，其純粹來自域外、域外工匠在中土製作或中土工匠在外域製作後再輸入等均有可能）。

　　上述這些探討關於玉帶飾銙、鉈尾在紋飾碾琢工法、風格和作品來源等諸多問題，均與唐代用玉制度與外來文化之間互動關係緊密，仍然具有持續深入釐清和探究之餘地。〔註27〕

三、結構特徵：由穿繫物件實用性轉趨身分表徵性之發展狀態

圖三十五、窖藏、墓葬腰帶具結構特徵統計圖

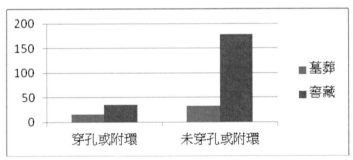

　　總計 261 塊各類飾銙中，具有穿孔或附環之飾銙共有 51 塊（墓葬 16 塊、

人何稠：「……父通，善斫玉。」等文獻記載，說明西域地區玉作興盛之狀況。鄧淑蘋，〈兩件具國際爭議性玉杯的研究〉，《故宮學術季刊》，臺北：國立故宮博物館，第三十三卷第一期（2015），頁 211～228。

〔註27〕鄧淑蘋認為何家村窖藏出土玉帶具上之「胡人樂舞」，並不是中國傳統藝術上之裝飾母題風格，自其工法上利用寬而斜的陰線勾勒人物、動物，成品流露略狂野的粗放氣息，推敲這類玉帶應該是中亞于闐玉工的作品；若言何家村窖藏應屬皇室珍寶，但玉料及玉帶習俗本屬西來之物，所以這些玉帶在長安城內製作的機率甚大，長安的玉作坊也可能多為于闐人建置，其在師徒傳承相似的技法上，亦製作出風格相似的作品。鄧淑蘋，〈探索歷史上的中亞玉作〉，國立故宮博物院，《故宮學術季刊》，第三十三卷第三期春季號（2016），頁 13。

窖藏 35 塊），未具有穿孔或附環之飾銙則有 210 塊（墓葬 32 塊、窖藏 178 塊）；此項數據統計顯示：未具有穿孔或附環飾銙之數量遠多於具有穿孔或附環之飾銙；其亦證實唐代玉製腰帶具在功能上，已經逐漸擺脫傳統以實用為主的型態，並配合律令上對應搭配規定，朝向以身分表徵作用為訴求重心的發展新趨勢（圖三十五）。

四、材質：純玉質飾銙數量最多

圖三十六、窖藏、墓葬腰帶具材質統計圖

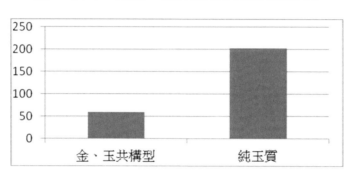

墓葬和窖藏出土總數 261 塊飾銙、鉈尾中，金、玉共構型（竇皦墓玉梁金筐寶鈿真珠裝蹀躞帶 13 塊與吉林省和龍渤海王室墓群金托玉帶 18 塊），同屬於金（純金）與玉共構類型；姚懿墓鎏金蹀躞玉帶 12 塊與何家村九環蹀躞玉帶 16 塊，則為金（銅質鎏金）、玉共構型總計 59 塊，其餘 202 塊均為純玉質飾銙（圖三十六）；此項數據顯示純玉質腰帶具，在唐代已經發展成為腰帶具的主流模式。

唐代出土腰帶具中雖然併出金、玉共構的類型，但是數量並不多；其中金托玉帶出土於唐代東北地區域外屬國的渤海王室墓，符合其民族喜用黃金作為裝飾的習性（圖三十七）。竇皦墓玉帶飾銙上除了忍冬紋係外來紋飾之外（圖三十八）；〔註28〕劉雲輝亦就其與北周武帝墓出土之銅腰帶具進行比對，發現不論是製作形式或飾銙數目幾乎都是相同的，因此；推論可能為繼承自北周工藝傳統之玉製器物。〔註29〕

〔註28〕忍冬紋為葉狀植物紋樣，是西方傳入中國的重要紋樣之一。齊東方，《唐代金銀器研究》（北京：中國社會科學出版社，1995），頁 131。
〔註29〕劉雲輝，〈唐代玉帶考〉，上海博物館，《中國隋唐至清代玉器學術研討會論文

圖三十七、吉林和龍市龍海渤海王室墓出土方形、半圓形金托玉銙

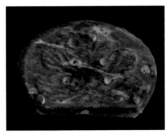

圖片來源：吉林省文物考古研究所等，〈吉林和龍市龍海渤海王
室墓葬發掘簡報〉，《考古》，2009 年 6 期，圖版 13。

圖三十八、竇皦墓「玉梁金筐寶鈿真珠裝蹀躞帶」

圓首矩形寶鈿飾銙　　　　　　　　玉帶扣

圖片來源：劉雲輝，《北周隋唐京畿玉器》，重慶：重慶出版社，
2000，頁 21 圖 T3、頁 23 圖 T16。

　　劉思哲亦對何家村出土金、玉共構型的九環蹀躞帶，與北周若干雲中的
八環蹀躞玉帶作過詳細比對，發現除了在形制、結構、製作工藝等各方面的
特徵都極其相似之外，並以核算後所發現方銙、偏心孔扣環及鉈尾上金釘總
共缺失 22 枚的現象，作為何家村九環蹀躞玉帶曾經長期使用的證據，推論可
能是來自於北周時期製作的傳世品，其後再為唐代中央政府所收藏。〔註 30〕
雖然上述學者推論竇皦墓玉帶和何家村九環蹀躞帶，可能非屬唐朝當代所製

集》（上海：上海古籍出版社，2002），頁 142。
〔註30〕劉思哲，〈西安何家村唐代窖藏九環玉帶製作時代考〉，《考古與文物》，第 4
期（2013），頁 65～99。

造，但兩者均出土於唐代墓葬與窖藏，因此本文仍將其列入材質統計表中一併計算。

此外與上述金（銅質鎏金）、玉共構型腰帶具相當類似的「銅質鎏金腰帶具」，在唐代墓葬中也屢見出土，如：長安京畿地區昭陵李勣墓、〔註31〕西安硫酸廠唐墓、〔註32〕西安南郊傅村唐墓（M8 墓）、〔註33〕西安東郊溫綽夫婦墓、〔註34〕昭陵尉遲敬德墓〔註35〕等，均發掘出數量不等的銅質鎏金腰帶具或零散的相關構件。這種「銅質鎏金」型腰帶具，並未明列於唐代各類文獻中所載的腰帶具材質範疇；〔註36〕其與身份官等在使用上的正確對應關亦有進一步釐清之必要。

此外尉遲敬德、李勣等二人均具正二品上柱國身份，但是其墓葬中僅出土「銅質鎏金」型腰帶具，卻無與其官等對應之金玉帶或玉帶（已被盜擾？）；金玉帶或玉帶未出現於上述二品以上官員墓葬的問題，或許顯示唐代對於腰帶具材質配戴的規定，僅是一種宣示性的「官等資格」規定，舉凡合乎此種「官等資格」身分者，尚需透過其他特殊的「途逕」以取得對應材質的腰帶具；而這些可能「途逕」或來自朝廷配發？帝王賞賜？或官員自購？以及其可能引發的「供需」問題等等，本文將於後續的章節中逐一討論。

小　結

綜上所述；依據本章關於腰帶具所作各項統計的數據結果顯示：在數量

〔註31〕 昭陵博物館，〈唐昭陵李勣墓清理簡報〉，《考古與文物》，第 3 期（2000），頁 3～14。

〔註32〕 孫鐵山、張海雲，〈西安硫酸廠唐墓發掘簡報〉，《文博》，第 5 期（2001），頁 9～23。

〔註33〕 陝西省考古研究院，〈西安南郊傅村隋唐墓發掘簡報〉，《考古與文物》，第 3 期（2010），頁 7～21。

〔註34〕 西安市文物保護考古所，〈西安東郊溫綽、溫思暕墓發掘簡報〉，《文物》，第 12 期（2002），頁 37～49。

〔註35〕 昭陵文物管理所，〈唐尉遲敬德墓發掘簡報〉，《文物》，第 5 期（1978），頁 20～25。

〔註36〕 檢視唐代文獻中關於官品與腰帶具材質對應規定，如《唐會要》所載：「……高宗上元元年（674）……文武三品已上……金玉帶，四品……金帶，五品……金帶，六品、七品……並銀帶，八品、九品……並鍮石帶，庶人服黃銅鐵帶……」，均無「銅質鎏金」類型腰帶具。（宋）王溥，《唐會要》，（日本京都：中文出版社，1978），頁 568。

上呈現窖藏數量多於墓葬的現象；在紋飾上則已經突破兩漢以降傳統禮天、祭地等巫筮、神怪之氣，以及來自北方猛獸互噬的草莽之風，開始出現擷取於俗世且更貼近於寫實的花卉紋、獅紋、胡人樂舞紋、其他人物紋等圖像；在功能上亦不再侷限於穿繫配帶之原始用途，進而發展出突顯擁有者特殊品位和身分的創新功能；這就是大唐盛世在腰帶具的製作和使用上，所充分展現融合以東西文化與身分表徵的獨特風貌。

整合唐代整體玉製腰帶具發展過程之演變（圖三十九），初唐時期飾銙之造形以圓首矩形（趨近長方形）為主（如竇皦墓出土玉帶之圓首矩形銙）、在材質上則呈現金、玉、寶石共構的複合形態。盛唐、晚唐時期（中唐時期無出土記錄），則以方銙、半圓銙為主（僅永泰主墓出土之圓首矩形玉梁為例外），材質上則僅見玉質、金玉共構型，初唐時期金、玉、寶石共構的複合形態已不復存在。

不過由於目前唐代墓葬或窖藏中出土的玉製腰帶具在數量上仍然偏少，在無法取得充足樣本數的統計狀態下，各項數據初步僅能作為研究上的參考資料，其較為完整和詳實的狀態，尚待更多墓葬或窖藏出土文物的持續積累、統整和驗證。此外潛藏於玉製腰帶具發展過程中，舉凡政治、經濟、文化、社會、工藝技術等複雜的情境因素，其交集互動所產生之影響，本文在後續的章節中會逐一的釐清和探究。

圖三十九、唐代玉製腰帶具發展演變示意圖

初唐
（618-649）

- 外形：圓首矩形（趨近長方形）
- 材質：金、玉、寶石共構複合形態
- 裝飾母題：忍冬花卉紋
- 功能：無穿繫物件之附環或穿孔，顯以身分表徵功能為重。

竇皦墓「玉梁金筐寶鈿真珠裝蹀躞帶」

盛唐
（650-755）

- 外形：方形、半圓形為主
- 材質：均為玉質或金玉共構型（以純玉質居多、無寶石材質）
- 裝飾母題：多樣式裝飾母題（花卉、獅紋、胡人樂舞紋），以胡人樂舞紋居多
- 功能：少數具有穿繫物件之附環或穿孔，仍以身分表徵功能為重。

何家村獅紋玉帶　　　關廟小學玉帶
西安棗園玉帶銙
何家村伎樂獅紋玉帶銙

晚唐
（805-904）

- 外形：方形、半圓形。
- 材質：金玉共構型（無寶石材質）
- 裝飾母題：五葉花草紋
- 功能：具有穿繫物件之附環或穿孔，兼具實用與身分表徵功能。

渤海王寶墓「金托玉帶」

第肆章　唐代腰帶具文化功能的變革

　　由上述章節的整理和統計中可以發現：唐代玉製腰帶具不論是在質地、紋飾、及功用上，均有異於前朝獨特的表像和發展，另其出土時間、空間、數量等分布狀態之間，亦存在一定的對比和相應關係。

　　本章則續以探討這些數據資料的實質內涵和變革原因，試圖去瞭解究竟玉製腰帶具在演繹和變革的過程當中，對於唐代的飾玉文化功能所造成的影響；其內容重點略以：玉製腰帶具與身分表徵關係之確立、階級性世俗取向的盛行對於社會文化發展、變革之影響、胡人樂舞裝飾母題的獨特意象等三項議題分別進行探討。

第一節　玉製腰帶具與身分表徵關係之確立

　　《新唐書・卷二十四・志第十四・車服》中開宗明義說明：「……唐初受命，車、服皆因隋制舊。武德四年，始著車輿、衣服之令……。」〔註1〕所以；唐代在建國之初其車輿和服飾均沿襲隋制，一直到高祖武德四年（622）方才建立專屬的車輿和服飾之制。至於；唐高祖武德四年以前官員服裝的種類，則依據《舊唐書・卷四十五・志第二十五・輿服》的記載：「……隋制……衣裳有常服、公服、朝服、祭服四等之制。……」〔註2〕應區分為常服、公服、朝服和祭服等四種。

　　高祖武德四年（622）以後對於官員服裝的規定則略有變動，其中隋代所

〔註1〕（宋）歐陽修、王祁，《新唐書》（臺北：洪氏出版社，1977），頁511。
〔註2〕楊家絡，《新校本舊唐書附索引三》，頁1930。

用的「祭服」被併入了「朝服」（亦名具服，係一品以下七品以上官員陪祭、朝饗、拜表大事之用服），〔註3〕因此；形成朝服、公服（亦名從省服，係各品官員謁見東宮及餘公事之用服）〔註4〕、常服和弁服〔註5〕等四種（弁服僅出現於《通典》和《唐會要》文獻中）。其中「常服」之使用係唐代上自天子下至文武百官，出席朝庭大典、執行公事以外的通用服裝。〔註6〕

唐代服飾中的「袍帶」識別系統，是官員「辨官等」「明貴賤」的重要基準。「袍」係以顏色、「帶」則以飾銙材質作為認證要件；此項制度完成於高宗上元元年（674年），並明確律定文武官員常服顏色、配戴腰帶具飾銙材質。〔註7〕

「袍色」與「腰帶」材質之間具有明顯的對應關係，「紫」色係唐代三品以上高階官員袍服的定色，與其對應的腰帶則是「金玉帶」，諸如：《通典》：「……高宗上元元年（674）……文武官員三品以上服紫、金玉帶，十二銙……」，《新唐書》則略有不同：「……高宗上元元年（674）……文武三品已上服紫。金玉帶十三銙。四品服深緋。金帶十一銙。……」，《新唐書》復載：「……高宗顯慶元年（656），……其後以紫為三品之服，金玉帶銙十三；緋為四品之服，金帶銙十一……」。據此；腰帶具材質、「袍色」俱與「官等」劃上等號。

至於本文所探討的玉製腰帶具，在唐代整體輿服制度中所呈現的確切功能角色，現從文獻對照、出土實物比對與玉製腰帶具供需問題等，三個面向分別進行探討。

〔註3〕 楊家絡，《新校本舊唐書附索引三》，頁1944。

〔註4〕 楊家絡，《新校本舊唐書附索引三》，頁1944。

〔註5〕 《通典‧卷第一百八‧禮六十八‧開元禮纂類三‧序例下‧君臣冕服冠衣制度》稱「弁服」以鹿皮為之，文官職事九品以上尋常公事服之，泥雨則通著常服。（唐）杜佑，《通典》，臺北：新興書局，1963，頁569～570。《新唐書‧卷二十四‧志第十四‧車服》，則僅稱「弁服」者，文官九品公事之服也，以鹿皮為之。（宋）歐陽修、王祁，《新唐書》，頁521。

〔註6〕 《舊唐書‧卷四十五‧志第二十五‧輿服》記載有常服使用之沿襲情形：「……讌服，蓋古之褻服也，今亦謂之常服。……爰至北齊……雖謁見君上，出入省寺，若非元正大會，一切通用。……隋代帝王貴臣，多服黃文綾袍，烏紗帽，九環帶，烏皮六合靴。百官常服，同於匹庶，皆著黃袍，出入殿省。天子朝服亦如之，惟帶加十三環以為差異，蓋取於便事。……」、「……武德初，因隋舊制，天子讌服，亦名常服……」。楊家絡，《新較本舊唐書附索引三》，頁1951～1952。

〔註7〕 馬冬，〈唐朝對四夷服飾賞賜研究〉，榮新江，《唐研究第十四卷》（北京：北京大學出版社，2008），頁576。

一、文獻上玉製腰帶具和輿服制度對應關係與問題探討

（一）文獻上玉製腰帶具和輿服制度對應關係

　　腰帶具既為唐代判別使用者身分關係重要基準之一，則《通典》、《舊唐書》、《唐會要》、《新唐書》、《唐實錄》等相關重要文獻，就其配當使用關係如何規範？玉製腰帶具又居間扮演何種功能角色？現以下列唐代腰帶具形制與官等對應統計表（表五），說明在律令上各式腰帶具使用之配當關係。

表五、唐代腰帶具形制與官等對應統計表

文獻名稱	內　　容	官等與腰帶具形制	資料來源
《通典》	「……高宗永徽二年（651）四月，敕開府儀同三司及京官文武職事四品、五品，並給隨身魚袋。……高宗上元元年（674）八月，敕文武官員三品以上服紫、金玉帶，十二銙，四品金帶，十一銙，五品，金帶，十銙；六品、七品，並銀帶，九銙……其一品以下，文官並帶手巾、算袋、刀子、磨石，其武官欲帶手巾、算袋，亦聽。……」	三品以上使用金玉帶十二銙、四品金帶十一銙等	《通典・卷六十三・禮二十三・沿革二十三・嘉禮八》〔註8〕
	「……睿宗景雲二年（711）四月敕文，敕令內外官依上元年敕，文官武官咸帶七事謂佩刀、刀子、磨石、契苾眞、噦厥針筒、火石袋等也。鈷鞢其腰帶，〔註9〕一品至五品並用金，六品、七品並用銀，……」	一品至五品並用飾金鈷鞢帶等	《通典・卷六十三・禮二十三・沿革二十三・嘉禮八》〔註10〕
	「……玄宗開元二年（714）七月，敕百官所帶算袋等，每朔望參日著，外官衙日著，餘日停。其年七月敕，珠玉錦繡，既令禁斷，准式，三品以上飾以玉，四品以上飾以金，五品以上飾以銀者，宜於腰帶及馬鐙、酒杯杓依式，自外悉禁斷。……」	三品以上使用飾玉、四品以上飾金腰帶	《通典・卷六十三・禮二十三・沿革二十三・嘉禮八》〔註11〕

〔註8〕（唐）杜佑，《通典》（臺北：新興書局，1964），頁359。

〔註9〕馬冬認為「蹀躞帶」此「蹀躞」的詞字組合亦許是北宋沈括在《夢溪筆談》中為方便讀寫所獨創，其發音與文獻中「鈷鞢」兩字完全一樣，所以「蹀躞」與「鈷鞢」乃同一物也。馬冬，〈鈷鞢帶綜論〉，《藏學學刊第5輯》（四川，四川大學出版社，2009），頁105～106。

〔註10〕（唐）杜佑，《通典》，頁359。

〔註11〕（唐）杜佑，《通典》，頁359。

《舊唐書》	「高祖武德令（618～626），侍臣服有袞……武弁……凡十等……武弁，平巾幘，侍中、中書令則加貂蟬，侍左者左珥，侍右者右珥。皆武官及門下、中書、殿中、內侍省、天策上將府、諸衛領軍武候監門、領左右太子諸坊諸率及鎮戍流內九品已上服之。……平巾幘，簪箄導……起梁帶，五品以上，金玉雜鈿。六品以下、金飾隱起。靴，武官及衛官陪立大仗則服之。若文官乘馬，亦通服之……」	五品以上使用金玉雜鈿起梁帶等	《舊唐書・卷四十二・志第二十五・輿服》〔註12〕
	「……讌服，蓋古之褻服也，今亦謂之常服。……高宗上元元年（674）八月又制：『一品已下帶手巾、算袋，仍佩刀子、礪石，武官欲帶者聽之。文武三品以上服紫，金玉帶，四品服深緋，五品服淺緋，並金帶……』……」	三品以上使用金玉帶等	《舊唐書・卷四十二・志第二十五・輿服》〔註13〕
	「……睿宗景雲（710～712）中又制，令依上元故事，一品已下帶手巾、算袋，其刀子、礪石等許不佩。武官五品已上佩韐韘七事，七謂佩刀、刀子、礪石、契苾眞、噦厥針筒、火石袋等也。至開元初復罷之。……」	一品以下五品以上使用七事韐韘帶	《舊唐書・卷四十二・志第二十五・輿服》〔註14〕
《唐會要》	「……高宗上元元年（674）八月二十一日敕。一品已下文官。並帶手巾。算袋。刀子。礪石。其武官欲帶者。亦聽之。文武三品已上服紫。金玉帶十三銙。四品服深緋。金帶十一銙。五品服淺緋。金帶十銙。六品服深綠。七品服淺綠。並銀帶。九銙。八品服深青。九品服淺青。並鍮石帶。九銙。庶人服黃銅鐵帶。七銙。……」	三品以上使用金玉帶十三銙、四品使用金帶十一銙等	《唐會要・卷三十一・輿服上・裘冕・章服品第》〔註15〕
	「……睿宗景雲二年（712）四月二十四日制。令內外官。依上元元年敕，文武官咸帶七事，謂佩刀、刀子、礪石、契苾眞、噦厥針筒、火石袋、韐韘等。其腰帶一品至五品，並用金。六品至七品，並用銀。八品九品，並用鍮石。……」	一品至五品並用飾金七事韐韘帶等	《唐會要・卷三十一・輿服上・裘冕・章服品第》〔註16〕

〔註12〕楊家絡，《新較本舊唐書附索引三》，頁1945。

〔註13〕楊家絡，《新較本舊唐書附索引三》，頁1951～1953。

〔註14〕楊家絡，《新較本舊唐書附索引三》，頁1953。

〔註15〕（宋）王溥，《唐會要》，（日本京都：中文出版社，1978），頁568。

〔註16〕（宋）王溥，《唐會要》，頁570。

《新唐書》	「羣臣之服二十有一：袞冕者，一品之服也。……平巾幘〔註17〕，武官、尉官公事之服也。金飾，五品以上兼用玉，大口綺，烏皮鞾、白練裙、襦，起梁帶〔註18〕。……起梁帶之制：三品以上，玉梁寶鈿，五品以上，金梁寶鈿、六品以下、金飾隱起而已。……」	三品以上使用玉**梁寶鈿起梁帶**等	《新唐書‧卷二十四‧志第十四‧車服》〔註19〕
	「……至唐高祖（618～626），以赭黃袍、巾帶爲常服。……腰帶者，摺垂頭於下，名曰鉈尾，取其順下之義。一品、二品鎊以金，六品以上以犀，九品以上以銀，庶人以鐵。……高宗顯慶元年（656），……其後以紫爲三品之服，金玉帶鎊十三；緋爲四品之服，金帶鎊十一……」	高祖時期、一、二品使用**飾金鎊**腰帶 高宗時期三品以上使用金玉帶十三鎊等	《新唐書‧卷二十四‧志第十四‧車服》〔註20〕
	「……至睿宗（710～712）時，罷佩刀、礪石，而武官五品以上佩鞊韘七事，佩刀、刀子、礪石、契苾眞、噦厥針筒、火石是也。……」	武官五品以上使用七事鞊韘帶	《新唐書‧卷二十四‧志第十四‧車服》〔註21〕

〔註17〕「幘」是一種冠飾，早期的「幘」就是一種裹頭的頭巾，唐代「平巾幘」之服係上自天子下至文武官員及一般百姓通著之服裝，其區別之處在於其服飾色彩和配飾種類和材質之不同。曹喆，〈唐代平巾幘之服考證〉，《紡織學報》，第29卷第1期（2008），頁102～106。

〔註18〕「起梁帶」名稱通見於唐代《新唐書》、《舊唐書》、《通典》等文獻，但《隋書》中僅有「玉梁帶」之記載：「……承武弁者，施以笄導，謂之平巾。其乘輿黑介幘之服，紫羅褶，南布袴，玉梁帶，紫絲鞋，長鞊武弁者，施以笄導，謂之平巾。其乘輿黑介幘之服，紫羅褶，南布袴，玉梁帶，紫絲鞋，長鞊靴。畋獵豫遊則服之……。」、「……平巾，黑幘，玉冠枝，金花飾，犀簪導，紫羅褶，南布袴，玉梁帶，長鞊靴。侍從田狩則服之。」，其應爲武官畋獵豫遊時穿著之服裝。另：唐代早期制度均因襲隋制，「起梁帶」或爲承襲並改稱自《隋書》之「玉梁帶」。（唐）魏徵等，《隋書》（臺北：洪氏出版社，1977年6月），頁267～268。高祖時期則規定武官、衛官陪立大仗或文官乘馬時可佩戴「起梁帶」，此處的「大仗」即「黃麾仗」，皇帝拜陵時衛官執「大仗」以行職務，《通典‧卷第一百十六‧禮七十六‧開元禮纂類十一‧吉禮八‧皇帝拜陵》：「……拜謁日未明五刻，諸衛量設黃麾仗於陵寢陳布。其陵寢舊宿衛人，各依本職掌，不得移動……」。係武官、尉官執行公務時所著服裝之配件。

〔註19〕（宋）歐陽修、王祁，《新唐書》，頁521。

〔註20〕（宋）歐陽修、王祁，《新唐書》，頁527～528。

〔註21〕（宋）歐陽修、王祁，《新唐書》，頁529。

《唐實錄》〔註22〕	「……天子以玉，諸侯王、公卿、將相，二品以上許用玉帶。天子二十四銙，諸侯王將相許用十三銙加兩尾焉。帶有瑪（雕）紋、光素之分，龍紋、萬壽、洪福等瑪（雕）紋之帶，唯天子方得使用，其諸侯王、公相，龍紋諸帶非敕賜不得使用也……」	二品以上許用玉帶	劉雲輝，《北周隋唐京畿玉器》。〔註23〕

由上列表四的歸納統整中可以發現，唐代各項文獻〔註24〕對於官等與腰帶具形制配當的規定似甚紊亂，其中具有玉製腰帶具屬性部份略計有「蹀躞帶」、「起梁帶」、「金玉帶」、「玉帶」等四類，現略以統整說明如下（表六）：

表六、文獻上唐代腰帶具形制、材質、銙數對照表

文獻名稱	在位者	腰帶具形制	材質	銙數	
通典	高宗上元元年（674）	三品以上金玉帶	金玉	十二銙	並帶手、算袋、刀子等
		四品金帶	金	十一銙	
		五品金帶	金	十銙	
	睿宗景雲二年（711）	鈷鞢帶（一品至五品並用金）	金	無	文官武官咸帶七事
	玄宗開元二年（714）	三品以上飾玉腰帶	玉	無	
		四品以上飾金腰帶	金	無	
舊唐書	高祖武德年間（618～626）	起梁帶（五品以上，金玉雜鈿）	金玉	無	

〔註22〕 自南北朝起出現一種以編年記事方式，記載前朝人君統治時期重要事蹟的史料長篇實錄；及至唐代方建立完整的官修史書制度。每當前朝皇帝去世，繼位的帝王便會敕令史館撰修前朝的實錄。劉健明，〈論今本《順宗實錄·陸贄傳》及《舊唐書·陸贄傳》的史源〉，中國唐代學會編輯委員會，《第二屆國際唐代學術會議論文集·下·史學》（臺北：文津出版社，1993），頁 1325。

〔註23〕 劉雲輝，《北周隋唐京畿玉器》，頁 10。

〔註24〕 本文所引用唐代五部文獻中，《通典》成書於唐德宗貞元十七年（801 年）、《舊唐書》成書於後晉開運二年（945 年）、《唐會要》成書於北宋太祖建隆二年（961 年）、《新唐書》成書於北宋仁宗嘉祐五年（1060 年）、《唐實錄》則是集合唐、宋兩代眾多史官所共同編修類似唐代歷任帝王「起居注」的編年體史書，現除韓愈主編之《順宗實錄》尚存之外，其他均已失佚者僅能於「資治通鑑」中散見其部份佚文。謝貴安，〈從《唐實錄》體裁看實錄體的特徵與地位〉，《長江大學學報——社會科學版》，第 29 卷第 5 期（2006 年 10 月），頁 29～35。

	高宗上元元年（674）	三品以金玉帶	金玉	無	一品已下帶手巾、算袋，仍佩刀子、礪石。
		四品、五品並金帶	金	無	
	睿宗景雲年間（710～712）	**鞢鞢帶**（一品以下五品以上使用鞢鞢七事等）	無		一品已下帶手巾、算袋等，至開元初（713）復罷之
唐會要	高宗上元元年（674）	文武三品已上金玉帶	金玉	十三銙	一品已下文官並帶手巾、算袋等
		四品金帶	金	十一銙	
		四品金帶	金	十銙	
	睿宗景雲二年（712）	**鞢鞢帶**（一品至五品並用飾金七事**鞢鞢帶**等）	金	無	文武官咸帶七事
新唐書		**起梁帶**（三品以上玉梁**寶鈿**）	金玉	無	
		起梁帶（五品以上金梁**寶鈿**）	金玉	無	
	唐高祖年間（618～626）	一品、二品金銙腰帶	金	無	
	高宗顯慶元年（656）	三品金玉帶	金玉	十三銙	
		鞢鞢帶（武官五品以上使用七事鞢鞢帶）	無	無	
唐實錄		二品以上許用玉帶	玉	諸侯王將相許用十三銙	

檢視上述對照表可以發現下列幾種現象：

（一）玄宗開元初年（713）以前，高宗、睿宗時期的各類腰帶具，幾乎均需佩戴「手巾、算袋、刀子、磨石」等「鞢鞢七事」物件（起梁帶與高祖時期的金帶除外），其穿繫物件的實用屬性相當明顯，這種規定到了玄宗開元初年（713）以後方才明令罷除。

（二）各個時期的「鞢鞢帶」均無「銙數」配備的規定，「金玉帶」及「玉帶」（玄宗開元二年以後始出現飾玉腰帶）則均有「銙數」的規定。

（三）《唐實錄》中僅見「玉帶」一種形制，其概以「二品以上」之「諸

侯王、公卿、將相」始准用玉帶，「銙數」則限制天子「二十四銙」，「諸侯王、公卿、將相」最高「十三銙」，再加二「尾」；〔註25〕並且首度出現「雕紋」或「光素」之分，帝王有專屬之「紋飾」，其下非帝王恩賜不得使用。

　　（四）、上述各類文獻中關於三品以上官員所對應使用之腰帶具，其「金玉帶」、「金帶」出現的次數明顯多於「玉帶」，然實際墓葬、窖藏出土的腰帶具，卻呈現「玉帶」多於「金玉帶」、「金帶」的狀態；這種文獻記載與文物出土為何會出現無法對應的現象，在目前相關腰帶具出土數量偏少的狀態下，尚難以釐清其確切的成因。

　　因此就文獻所載各類材質腰帶具其實際使用功能性研判，本文認為除「起梁帶」（起梁帶係以鑲嵌寶鈿為特徵）以外，似應以材質與是否具有「繫物」之功能，憑以界定腰帶具適當之對應名稱。玄宗開元初年（713）以前，本具「穿孔」或「附環」等穿繫物件屬性之「金帶」、「金玉帶」、「玉帶」，當可稱其為：「蹀躞」型「金帶」、「金玉帶」、「玉帶」。

　　玄宗開元初年（713）以後，因已頒布罷除「金帶」、「金玉帶」、「玉帶」上配備「蹀躞七事」相關物件之律令，似應單純以「金帶」、「金玉帶」、「玉帶」稱之；不宜再籠統的將「蹀躞帶」與「金帶」、「金玉帶」、「玉帶」等均混稱併用，而徒增辨識上之困擾（起梁帶則具有鑲嵌寶鈿之特徵，因此凡腰帶具上鑲嵌以金、玉、寶石等多種複合材質者，應統稱其為起梁帶或玉梁帶，亦不宜再與上述其它形制的腰帶具混稱併用），亦較能符合腰帶具在其原生的時空脈絡上，就文獻記載和出土文物尋得其適當的對應關係。

　　陝西扶風法門寺地宮前室出土的一副十事蹀躞帶（圖四十、四十一）；〔註26〕該副十事蹀躞帶（鎏金）並未列入「衣物帳」石碑的統計中，〔註27〕

〔註25〕此處所稱「加二尾焉」究係指稱數量即十三銙之外可再加二塊「飾銙」？或當名詞使用即指稱二塊「鉈尾」？其語焉不詳。孫機曾以莫高窟唐壁畫中否毘沙門天王像為例，說明出現在唐代穿甲武士身上的雙帶扣、雙鉈尾型腰帶具，此種腰帶具起初為武職人員所用，北宋以後漸多。孫機，《中國古與服論叢增訂本》，頁276～277。

〔註26〕陝西省法門寺考古隊，〈扶風法門寺塔唐代地宮發掘簡報〉，《文物》，第10期（1988），頁7。

〔註27〕韓偉核對法門寺地宮「衣物帳」石碑記載之物件，發現除重量統計粗疏之外，物帳與實物尚有：有物無載55件、有載無物7件、載少物多3件、載多物少5件等四項不符情形，編號FD3：007之十事蹀躞帶即列入「有物無載」之列，究其原因可能與地宮封閉時再臨時供奉而未及銘刻記載有關。韓偉，〈法門寺

而在十事蹀躞帶上除鎏金鞓帶和其懸掛之「十事」配件之外，並無飾銙及鉈尾之構件。據此；似足以解釋文獻上所稱之「蹀躞帶」，係以穿繫物件之實用功能性為主，基本上當沒有「質地」和「銙數」之配置考量。

圖四十、法門寺塔地宮前室器物分布圖

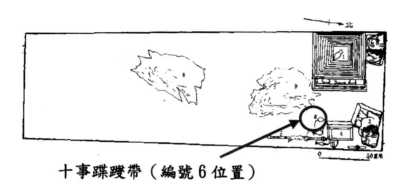

十事蹀躞帶（編號 6 位置）

圖片來源：陝西省法門寺考古隊，〈扶風法門寺塔唐代地宮發
掘簡報〉，《文物》，1988 年第 10 期，頁 10。

圖四十一、陝西扶風法門寺地宮前室出土的一副十事蹀躞帶

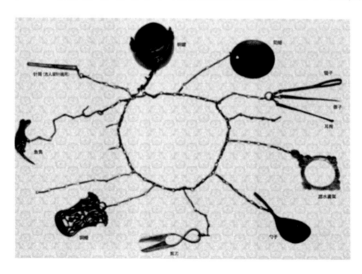

圖片來源：鄭旭生，〈鎏金銅蹀躞十事〉，《金日民航》，2009 年
11 月，頁 84～85。

地宮唐代隨真身衣物帳考〉，《文物》，第 5 期（1991），頁 27～37。

二、出土實物之文獻比對與問題探討

依據上述探討的結果，驗證於唐代墓葬、窖藏中出土之腰帶具形制，應可歸結下列之結果：

（一）竇皦墓：依據墓誌記載與史料查證，竇皦官銜爲上柱國（正二品、勳官）左尉府中郎將（四品下、武官），其墓葬中出土之「玉梁金筐寶鈿眞珠裝蹀躞帶」〔註28〕（圖四十二、圖四十三），符合《新唐書》、《舊唐書》、《通典》中，三品以上「玉梁寶鈿」、五品以上「金玉雜鈿」型「起梁帶」或「玉梁帶」之規定。〔註29〕

圖四十二、竇皦墓出土「玉梁金筐寶鈿真珠裝蹀躞帶」局部顯微放大圖　　圖四十三、陝西扶風法門寺地宮出土「金筐寶鈿真珠裝寶函」

「金筐寶鈿」之裝飾母題和工法

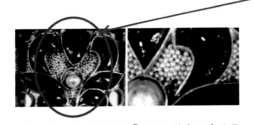

圖四十二、竇皦墓出土「玉梁金筐寶鈿真珠裝

圖片來源：楊軍昌等，〈唐代金珠工藝製品：出土文物顯微觀察與材質特徵〉，《文博》，2014年第4期，頁80，圖七。　　圖片來源：筆者自拍於陝西扶風法門寺地宮展館，2015.05.28

〔註28〕劉雲輝認爲竇皦墓出土玉帶，其以玉爲邊框，框內再以金片折邊爲筐，內以金絲成花葉再填以寶石、細金珠所形成的「金筐寶鈿」，與法門寺地宮出土物帳碑所載「金筐寶鈿眞珠裝」係相同的工法。劉雲輝，《北周隋唐京畿玉器》，頁8。

〔註29〕劉雲輝認爲《新唐書·車服志》中所稱「起梁珠寶鈿帶」、《通典》中所稱「玉梁珠寶鈿帶」等記載，應與竇皦墓所出土「玉梁金筐寶鈿眞珠裝蹀躞帶」爲同類型玉帶命名之依據。本文則認爲既爲同類型玉帶之命名，應依據文獻所載「起梁帶」爲其統一之名稱，避免日後在分類歸納上徒增困擾。劉雲輝，〈唐竇皦與其玉帶考〉，《歷史文物》，第2期（1999），頁21。

　　（二）姚懿墓：依據姚懿墓誌說明其係巂州都督贈幽州督都吏部尚書（正三品），其墓中出土玉質腰帶具一副（方形銙飾4塊、半圓銙飾7塊、共十一銙）；姚懿卒於高宗龍朔三年（663），其子姚崇後以歷任中宗、武后、睿宗、玄宗等四朝宰相的勳勞，父因子貴而獲得死後追贈官職，姚崇並於玄宗開元三年（714）爲父遷葬新墳時，將此玉質腰帶具置放於重建之墓室當中，其飾銙數目和文獻上所定官等相符，〔註30〕並依玉質飾銙上的穿孔，當歸類於文獻上所指稱蹀躞型「玉帶」。

　　（三）唐永泰公主墓：永泰公主李仙蕙係唐高宗的第七女，據《新唐書・卷八十三・列傳第八・諸帝公主》記載：「……永泰公主，以郡主下嫁武延基。大足中，忤張易之，爲武后所殺。……帝追贈，以禮改葬，號墓爲陵。……」〔註31〕永泰公主墓早年被盜擾，墓中包括玉梁、偏心孔環等玉器，均出土於甬道盜洞口下方北部，〔註32〕就玉梁的類型研判應屬起梁帶之部份構件，而其他構件（如：金筐、寶鈿、眞珠等）是否均已被盜擾遺失實無從查證；但據以歸類於「起梁帶」之範疇當無疑義。

　　復以永泰公主係帝王之女身份，就《舊唐書・卷四十三・志第二十三・職官二》記載：

　　　　……凡外命婦之制，皇之姑，封大長公主，皇姊妹，封長公主，
　　皇女，封公主，皆視正一品。皇太子之女，封郡主，視從一品。王
　　之女，封縣主，視正二品。……〔註33〕

　　永泰公主以皇女視正一品之身份而擁有玉梁帶，符合文獻上對於玉梁帶使用之官等限制，但其因忤逆武后寵臣張易之而被殺，後爲唐中宗所平反並以陵墓改葬，所以墓中出土之玉梁帶或爲皇帝所恩賜於改葬後重新再置入。

　　（四）吉林省和龍渤海王室墓群（唐代域外渤海屬國）：出土一副金托玉帶，其中四塊方銙的金片下方連接一個半圓形金環，應可供穿繫物件之用，〔註34〕所以；亦應歸類於文獻上所指稱蹀躞型「金玉帶」。

　　復檢視和龍渤海王室墓群出土的「附環」型金托玉帶，其飾銙和鉈尾正

〔註30〕河南省文物研究所，〈陝縣棗園姚懿墓發掘報告〉，《華夏考古》，第1期（1987），頁133。

〔註31〕（宋）歐陽修、王祁，《新唐書》，頁3654。

〔註32〕陝西省文物管理委員會，〈唐永泰公主墓發掘簡報〉，頁13。

〔註33〕楊家絡，《新較本舊唐書附索引三》，頁1821。

〔註34〕吉林省文物考古研究所等，〈吉林和龍市龍海渤海王室墓葬發掘簡報〉，頁36。

面均碾琢以五葉花草紋（圖四十四），在裝飾母題上明顯異於其他出土飾銙、
鉈尾上，多以胡人樂舞或獅子為母題的裝飾風格，僅於西安市堡子村墓葬出
土一塊與其母題相近的花卉紋飾銙（圖四十五）；不過渤海墓群的五葉花草紋
相較於堡子村的花卉紋飾銙，其紋飾布局單調、主體紋飾周遭亦未襯以構成
深淺明暗效果的陰線紋，就整體布局和工法而言，似缺乏唐代特有斜刀隱地
使主體凸出的生動視覺效果，若再較之於西安交通大學院內唐興慶宮遺址出
土的海棠石榴紋玉簪（圖四十六），其效果上之差異則更加明顯。因此；和龍
渤海王室墓群所出土「附環」型的金托玉帶，是否確為唐代中土之作品尚待
進一步之探究。

圖四十四、吉林省和龍渤海王室墓群出土之金托玉帶

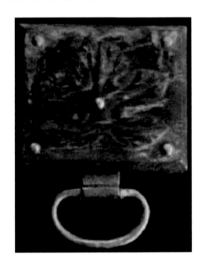

圖片來源：吉林省文物考古研究所等，〈吉林和龍市龍海渤海王
室墓葬發掘簡報〉，《考古》，2009 年 6 期，圖版 13。

圖四十五、陝西省西安市堡子村方形　圖四十六、西安交通大學院內
　　　　青玉花卉紋飾銙　　　　　　　唐興慶宮遺址出土
　　　　　　　　　　　　　　　　　　的海棠石榴紋玉簪

具有深淺明暗
效果的陰線紋

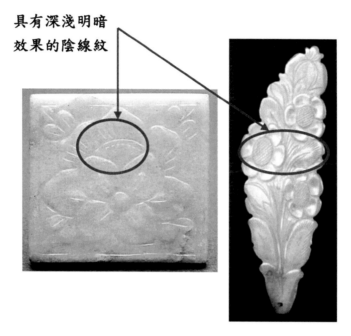

圖片來源：中國玉器全集編輯委員會編，《中　圖片來源：劉雲輝，《北周隋唐京畿
　　　　國玉器全集－隋唐》，河北：河北　　　　　玉器》，重慶：重慶出版
　　　　美術出版社，1993，圖 6。　　　　　　社社，2000，圖 43。

　　（五）何家村窖藏出土的 10 副腰帶具中，除九環蹀躞帶（附環）、白玉
有孔帶（穿孔）等，應稱其為其蹀躞型「金玉帶」或蹀躞型「玉帶」外，其
餘 8 副及丈八溝出土三副，則均未具附環或穿孔之穿繫物件功能，故均應稱
單純稱之為「金玉帶」或「玉帶」。至於關廟出土一批零散的腰帶具飾銙，
仍可依其是否附環或穿孔的狀況，分別以蹀躞型「金玉帶」或「玉帶」稱
之。

問題探討

（一）附環型腰帶具之傳承

　　劉思哲曾就何家村的九環蹀躞玉帶，考其使用和工法狀態，推論或屬唐

代以前北周的舊藏品。〔註35〕而北周若干雲墓亦出土相同類型的「附環」型八環蹀躞玉帶,明顯證實了「附環」型蹀躞玉帶,在唐朝以前的就已經出現並使用。〔註36〕

　　至於腰帶具「附環」的型態,僅於《舊唐書・卷四十二・志第二十五・輿服》中提到:「……隋代帝王貴臣,多服黃文綾袍,九環帶……天子朝服亦如之,惟帶加十三環以為差異……」這種概略性的記載,〔註37〕其後並經2013年揚州市出土隋煬帝所屬的13環蹀躞金玉帶證實其正確性。

　　依據《舊唐書》對於「附環」腰帶具之描述,其通用於帝王和貴臣,但差異之處則在於「環數」使用的限制;此種規定雖不見於唐代文獻之記載,卻在《隋書》、《周書》上有不少的史料可供參考(表七):

表七、北周、隋代文獻記載御賜腰帶具統計表

文獻名稱	內　　　容	腰帶形制	資料出處
《周書》	「……李賢字賢和……高祖及齊王憲之在繈褓也,以避忌,不利居宮中。太祖(556)令於賢家處之,六載乃還宮……及高祖(561～578)西巡……賜衣一襲及被褥,並禦所服十三環金帶一要、中廄馬一匹、金裝鞍勒、雜綵五百段、銀錢一萬。……」	十三環金帶	《周書・卷十五・列傳第十七・李賢》〔註38〕
	「……及尉遲迥舉兵,穆子榮欲應之。穆弗聽曰:『周德既衰,愚智共悉。天時若此,吾豈能違天。』乃遣使謁隋文帝,並上十三環金帶,蓋天子之服也,以微申其意……」	十三環金帶	《周書・卷三十・列傳第二十二・李穆》〔註39〕
	「……高祖(561～578)嘗從容謂之曰:『公之於我,猶漢高之與盧綰也。』乃賜以十三環金帶。」	十三環金帶	《周書・卷四十・列傳第三十二・宇文孝伯》〔註40〕

〔註35〕劉思哲,〈西安何家村唐代窖藏九環玉帶製作時代考〉,頁95～99。
〔註36〕孫機比對墓葬、窖藏出土之文物,推論銙下附環的Ⅰ型腰帶具,應係流行於隋和唐代前期。孫機,《中國古輿服論叢增訂本》,頁276。
〔註37〕楊家絡,《新較本舊唐書附索引三》,頁1951。
〔註38〕(唐)令狐德棻,《周書》(臺北:洪氏出版社,1977),頁417。
〔註39〕(唐)令狐德棻,《周書》,頁529。
〔註40〕(唐)令狐德棻,《周書》,頁717。

《隋書》	「……及尉迥作亂，天下騷動，並州總管李穆頗懷猶豫，高祖（581～604）令裴往喻之。裴見穆，盛陳利害，穆甚悅，遂歸心於高祖。後以奉使功，賜綵三百匹，九環金帶……」	九環金帶	《隋書・卷三十八・列傳第三・柳裘》〔註41〕
	「……李德林字公輔，博陵安平人也。……高祖開皇元年（581），敕令與太尉任國公于翼、高熲等同修律令。事訖奏聞，別賜九環金帶……」	九環金帶	《隋書・卷四十二・列傳第七・李德林》〔註42〕
	「……薛道衡字玄卿，河東汾陰人也。……高祖（581～600）愴然改容曰：『爾光陰晚暮，侍奉誠勞。朕欲令爾將攝，兼撫萌俗。今爾之去，朕如斷一臂。』於是賚物三百段，九環金帶，並時服一襲，馬十匹，慰勉遣之。……」	九環金帶	《隋書・卷五十七・列傳第二十二・薛道衡》〔註43〕

　　經由《周書》和《隋書》的文獻證實：北周和隋代「附環」的腰帶具除「十三環」為天子所專用之外，「十三環」以下則為帝王對於表現優秀或具有軍功之臣屬，所恩賜的一種特別榮譽表徵（帝王甚至將天子級的十三環腰帶具亦賞賜臣屬）；其「附環數」並未與「官等」劃上等號，而且「附環」腰帶具均為「金質」；這種狀態和唐代以「銙數」定「官等」、並且大量使用「玉質」腰帶具的現象係有所區隔的。

　　因此；若從文獻上對照北周、隋代以及唐代對於「附環」型腰帶具的記載，可以發現其似乎未沿襲並流行於唐代，〔註44〕因此「附環」型玉製腰帶具的使用似可推論係流行於唐代以前，這種變化的趨勢是否與「附環」和穿孔「飾銙」，兩者在繫物功能上發生重疊的現象有關，值得探究。〔註45〕

〔註41〕（唐）魏徵等，《隋書》（臺北：洪氏出版社，1977），頁1139。
〔註42〕（唐）魏徵等，《隋書》，頁1194。
〔註43〕（唐）魏徵等，《隋書》，頁1408。
〔註44〕關於唐代「附環」型腰帶具，僅於《新唐書・卷九十三・列傳十八・李靖》記載：「靖五代孫彥芳……靖破蕭銑時，所賜于闐玉帶十三胯，七方六刓，胯各附環……」，實物則未見出土。（宋）歐陽修、王祁，《新唐書》，頁3816。另於《全唐文・卷七百三十三・韋端符・穆宗朝官拾遺・衛公故物記》中亦有類似的相關記載。周紹良，《全唐文新編》（成都：吉林出版社，2000），頁8503。
〔註45〕馬冬以出土腰帶具附環本身和銙下連接金屬薄片的厚度推論：附環的承重能力薄弱恐為純粹裝飾之物，若要繫物則可直接置於鞓帶上或穿孔之飾銙。馬冬，〈鞊鞢帶綜論〉，頁108。

（二）「金質帶具」探討

在《唐會要》中曾提及：「……睿宗景雲二年（711）……其腰帶一品至五品，並用金……」，《新唐書》亦載「……至唐高祖（618～626）……腰帶者，擂垂頭於下，名曰鉈尾，取其順下之義。一品、二品銙以金，……」。由文獻記載得知至少在睿宗景雲二年（711）以前，唐代腰帶具形制除上述所列「起梁帶」、「金玉帶」、「玉帶」之外，仍應有「金帶」的存在。因此；透過對於「金質帶具」的比較，或可稍加釐清其與「玉製腰帶具」在使用上所產生的若干互動關係。

目前本文統計唐代出土金質腰帶具略有 4 處，分別為：1971 年吉林省和龍縣八家子公社渤海古墓群 1 號、2 號墓，出土帶扣、金銙、鉈尾、金飾件等合計 63 塊。〔註 46〕1975 年內蒙敖漢旗荷葉勿蘇公社李家營子（修水渠時發現），出土金帶扣、金帶飾等合計 99 塊。〔註 47〕1979 年山西省平魯縣平魯公社（發現於夯土建築台基），出土金銙 82 塊。〔註 48〕1981 年內蒙古錫林郭勒盟蘇林特右旗布圖木吉蘇木（徵集自已被盜擾文物），合計碾琢卷草紋、狩獵紋並鋪以金珠魚子地飾銙、帶扣、鉈尾等 84 塊。〔註 49〕

上述金質腰帶具或飾件，除山西平魯公社出土的金銙之外，全部出土於東北及內蒙地區，並分屬域外渤海屬國及突厥民族。這種金銙多出於域外墓

〔註 46〕 出土報告中就金花飾件、金釵、金方環與小金帶扣與西安韓森寨唐代出土的金花、金釵、西安何家村窖藏的金盃紋飾、永泰公主墓出土的帶具形制頗為相似，因此推斷應屬唐代的渤海墓葬（盛唐）。郭文魁，〈和龍渤海古墓出土的幾件金飾〉，《文物》，第 8 期（1978），頁 45～46。

〔註 47〕 出土報告中依金帶飾為遼墓中習見的飾物，推測李家營子應為年代較早的遼墓。敖漢旗文化館，〈敖漢旗李家營子出土的金銀器〉，《考古》，第 2 期（1978），頁 5～46。孫機先生則認為 99 塊金帶飾均呈突厥風格，並參照阿爾泰突厥墓的情況推斷：其年代似不應超過西元 8 世紀，也就是唐代的突厥墓。孫機，〈論近年內蒙古出土的突厥與突厥式金銀器〉，《文物》，第 8 期（1993），頁 53。

〔註 48〕 金鋌裝於木匣中，依金鋌上之銘文「乾元元年」係肅宗第二個年號「西元 758 年」正值安史之亂時期（中唐）。陶正剛，〈山西平魯出土一批唐代金鋌〉，《文物》，第 4 期（1981），頁 117～118。

〔註 49〕 丁學芸認為：金蹀躞帶具上之紋飾充滿突厥色彩，既有反應遊牧民族色彩的狩獵紋、又有唐代盛行的卷草紋和金珠魚子地紋，所以當屬西元八世紀中至九世紀，也就是唐代中、晚期北方遊牧民族的文物，並與突厥有關。丁學芸，〈布圖木吉金帶飾及其研究〉，內蒙古文物考古研究所，《內蒙古文物考古文集第二輯》（北京：中國大百科全書出版社，1997），頁 463～473。

葬卻顯少見於中土地區的狀態，或許與唐代向以「金帶」作爲對於四夷服飾賞賜的慣例有關，〔註50〕此種樣態亦與上述北周、隋代帝王喜以「金帶」犒勞當朝功臣、將相的作法頗爲雷同。

　　唐代帝王雖然在立國之初頗多制度因襲前朝，但對於「金帶」的重視程度似已漸趨淡薄，並依外域慣用黃金飾件之慣習，將之移用於外交饋贈用途；但對朝內功臣、將相之犒勞則改用「玉帶」（關於此項之文獻記載，本文將於探討玉製腰帶具供需問題時一併表敘）藉以達表華夷之間內外有別之序。

　　就此；「金質帶具」唐代文獻上雖有記載，但在中原地區卻鮮少有其實物出土，或係受到上述實質外交、政治性考量之影響，並造成腰帶材質上興替的一種事實狀態。

（三）「金玉帶」探討

　　在諸多文獻中均有「金玉帶」之記載，但是；檢視目前唐代出土的「金玉帶」卻極爲稀少（僅見於域外渤海屬國出土之金托玉帶），就此；追溯前朝確定被稱爲「金玉帶」者，亦僅有 2013 年揚州隋煬帝墓出土的「十三環蹀躞金玉帶」。〔註51〕

　　唐代文獻中屢屢提到三品以上官員所使用的「金玉帶」，實務上卻鮮少出土於墓葬或窖藏；就此諸如：北周若干雲墓八環蹀躞玉帶和何家村九環蹀躞帶等，具有鎏金質襯板、鉚釘、連結玉質附環之曲環等構件的腰帶具，是否亦爲文獻中所稱之「金玉帶」？反觀於諸多文獻中僅有《唐實錄》確實指明「玉帶」形制，但「玉帶」卻大量出土？如此亦突顯文獻記載和出土文物之間，似乎存在若干無法對應的邏輯關係。

　　後人對於文獻之記載礙於過往歷史的消逝，很難確切的提出符合其時空環境的證據予以補充或驗正，而文物的出土適時的提供這種或可「補史」、「證史」甚至是「正史」的思考邏輯和證據力。

〔註50〕馬冬曾研究唐代文獻上對於四夷的服飾賞賜的記載，其中光是玄宗開元、天寶年間，服飾賞賜的次數和內容就高達 82 次，本文統計其中出現金帶（金鈿帶）者就有 42 例。馬冬，〈唐朝對四夷服飾賞賜研究〉，頁 573～600。

〔註51〕劉思哲曾研究此帶，並以其玉帶背面所用之金質襯板，說明其有別於北周若干雲墓八環蹀躞玉帶上，除鏤空柿蒂紋襯板爲銅鎏金以外，其餘襯板均爲銅質的現況，這也是帝王級金玉帶與一品官員腰帶具之差異所在。劉思哲，〈隋煬帝墓發現的十三環蹀躞金玉帶及相關問題研究〉，《考古與文物》，第 5 期（2015），頁 72。

（四）文獻上「玉帶」紋飾、銙數探討

《唐實錄》曾載：

> 天子二十四銙，諸侯王將相許用十三銙加兩尾焉。帶有琱（雕）
> 紋、光素之分，龍紋、萬壽、洪福等琱（雕）紋之帶，唯天子方得
> 使用，其諸侯王、公相，龍紋諸帶非敕賜不得使用也

檢視目前唐代出土玉製腰帶具在其紋飾僅見花卉紋、獅紋、胡人樂舞紋和其他人物紋等四種，並無文獻所稱之「龍紋、萬壽、洪福」等紋，銙數至多也僅為十三銙，唯目前唐代帝王陵墓鮮見開掘，《唐實錄》又常受政治因素影響或有失真，〔註52〕其真實狀態則尚待日後更多出土文物的印證。

目前存世的諸多文獻、史料，其成書年代的早、晚各有不同；編撰的史家或大儒可能因為史料蒐集的完整程度、個人主觀上之好惡取捨及對器物工藝瞭解程度、後世對前朝之價值偏見、甚至是統治權力的介入等諸多因素，多少都會對其所記載與詮釋的歷史，造成某種程度性的失真和缺漏；這種現象也常使得後人在引述或運用這些文獻或史料之際，可能會產生無所適從甚至是偏差、錯用的困境；而實際文物的出土或可適時彌補或重建這些可能失落的環節。

三、玉製腰帶具供需問題探討

玉製腰帶具在文獻記載上身分表徵關係之確立已如前述，然而玉製腰帶具的供與需問題則未見相關的記載，探究這個議題之目的係出自於統計數據上窖藏多於墓葬的特殊現象；現從下列角度試為探究這種特殊現象的可能的形成原因：

（一）唐代的官爵制度可分為職事官、散官、勛官和封爵等四種，職事官所代表者係其實際職守；職事官身分的變動「隨材錄用，或從閑入劇，或去高就卑，遷徙出入，參差不定」。散官所代表的是其資歷，「凡九品以上職事，皆帶散位，謂之本品」，又可分為文、武散官二種，散官的位階則「以門蔭結品，然後勞考進序」。〔註53〕封爵代表其血統可分為九等，各有其相

〔註52〕唐代實錄是在官方的嚴密監控下修撰的，其褒貶臧否完全視當朝的政治需要或政局變動為轉移，正是因為這些未定因素的變動，唐代實錄往往不斷被增刪或重修，如：長孫無忌等所撰《太宗實錄》、《順宗實錄》、《憲宗實錄》等都曾有過這樣的遭遇。岳純之，〈歷史教學〉，第4期（2001），頁10～13。

〔註53〕楊家絡，《新較本舊唐書附索引三》，頁1785。

應的食邑和封戶租調。〔註 54〕勛官表示其功勞，在唐代初期係賜以擁有軍功者之報酬，其後爲了徵集勞役乃大量的賜與一般百姓而終成「虛名」，不過勛官擁有：賜以勳田、免除課稅、差役優待等經濟上優惠害免除徵役、贖刑權等刑法上和其他名義的特權。〔註 55〕

　　這四種文、武官職的設置，建構起唐代龐大且複雜的官僚體系，《通典，卷四十・秩品五・大唐官品》中曾統計：玄宗開元二十五年之際，內、外文武官員及諸色（流內）吏胥史（流外），〔註 56〕總計高達三十四萬九千八百六十三人。〔註 57〕這幾十萬上從正一品下至九品之文武官員，其中位居三品以上者不知凡幾；〔註 58〕若依前述諸多律令中至少三品以上官員，方可配帶「金玉帶」或「玉帶」之規定推論：墓葬中相關腰帶具的出土數量當不在少數，爲何卻出現窖藏多於墓葬的獨特現象，其原因係歷代盜擾？兵禍戰亂？亦或規定和使用上的矛盾？

　　檢視文獻中所載官員常服腰帶具上所配掛，亦爲身分表徵物件的魚符、魚袋（魚符是唐代官員進出宮廷、表達身分和職命的一種信物，魚袋則是盛放魚符的小袋；可能係因爲唐代國姓之「李」通「鯉」，爲「取魚之像，強之兆也」，高祖遂將前朝使用的銀菟符改爲魚符）〔註 59〕其使用情形似可作爲比較和對照之參考：

　　（二）《舊唐書・卷四十五・志第二十五・輿服》記載：

　　　　……高祖武德元年九月（618 年），改銀菟符爲銀魚符。高宗永
　　　　徽二年五月（652），開府儀同三司及京官文武職事四品、五品，並

〔註 54〕張國剛，《唐代官制》（陝西：三秦出版社，1987），頁 160。
〔註 55〕（韓）金錫佑，〈唐代百姓勛官考〉，《東方論檀》，第 6 期（2004），頁 89～93。
〔註 56〕「流內」官係透過科舉考試、門蔭、流外入流、行伍和入幕等方式，經銓選取得九品十三階內的官等的職事官，上自正一品的太師，下至從九品下階內侍省主事、京縣錄事等；「流外」則係非職事官無品級的胥吏（古代掌理案卷、文書的小吏）等，如諸台省的令史、書令史、亭長。「流外官」可以透過流外詮選的途徑成爲「流內」文武六品以下的職事官。張國剛，《唐代官制》，頁 139～158。
〔註 57〕（唐）杜佑，《通典》，頁 1106。
〔註 58〕齊東方曾統計及研究西安地區，在高宗到睿宗時期包含從一品鄂國忠武公尉遲敬德等，十座三品以上官員之雙室磚墓的等級問題；其中亦說明大多數時代相近、地位相似的人並未使用雙室磚墓埋葬，由此可證三品以上官員在西安地區的墓葬就不在少數，遑論關中京畿以外地區爲數眾多的其他墓葬。齊東方，〈略論西安地區發現的唐代雙室磚墓〉，《考古》，第 9 期（1990），頁 858。
〔註 59〕馬冬，〈鞊韃帶綜論〉，頁 103。

給隨身魚⋯⋯武后天授元年九月（690），改內外所佩魚並作龜。武后久視元年十月（700年），職事三品已上龜袋，宜用金飾，四品用銀飾，五品用銅飾，上守下行，皆從官給。中宗神龍元年二月（705），內外官五品已上依舊佩魚袋⋯⋯雖正員官得佩，亦去任及致仕即解去魚袋。至玄宗開元九年（722），張嘉貞為中書令，奏諸致仕許終身佩魚，以為榮寵，以理去任，亦聽佩魚袋。自後恩制賜賞緋紫，例兼魚袋，謂之章服，因之佩魚袋、服朱紫者衆矣⋯⋯。〔註60〕

由此段記載可以得知：魚符及魚袋係由朝廷配發而「皆從官給」，但「去任及致仕即解去魚袋」，僅於五品以上官員「薨亡」後，其隨身魚袋始不須追收。〔註61〕玄宗開元九年則特許「終身佩魚，以為榮寵，以理去任，亦聽佩魚袋」，並自此成為「恩制賜賞緋紫，例兼魚袋，謂之章服」。

這種規定在武后天授年間，曾因使用上的僭越、浮濫而另以限制：《通典・卷六十三・禮二十三・沿革二十三・嘉禮八》：「⋯⋯敕：『緋紫之服，班命所崇，以賞有功，不可踰濫。如聞諸軍賞借，人數甚多，曾無甄別，是何道理。自今以後，除灼然有戰功，餘不得輒賞魚袋。』⋯⋯」〔註62〕

由文獻上對於魚符、魚袋之使用規定，清楚顯示其係由朝廷所供應，不僅終身可以佩用，而且五品以上死亡者亦不回收以示聖上榮恩，由此反思玉製腰帶具的取得是否亦由朝廷供給的問題，則未見文獻上有相關之記載；倘非由朝廷供給則官員是否需要自備？就此疑惑首先可以自唐代官員之俸祿部份進行探查。

唐代文武官員之俸祿係由職田、祿米和俸錢三部份所構成。〔註63〕依《新唐書・卷五十五・志第四十五・食貨五》記載：高祖武德年初對於文武官之給祿，按其職事、品第配發祿米「一品七百石⋯⋯二品五百石⋯⋯三品四百石⋯⋯」、職分田「⋯⋯一品有職分田十二頃⋯⋯二品十頃⋯⋯三品九頃⋯⋯四品七頃⋯⋯」、永業田「⋯⋯親王以下又有永業田百頃，職事官一品六十

〔註60〕楊家絡，《新校本舊唐書附索引三》，頁1954。
〔註61〕《唐會要・輿服上》記載：「⋯⋯永徽五年八月十四敕，『恩寵所加，本緣品命，帶魚之法，事彰要重，豈可生平在官，用以褒飾，才至亡沒，便即追收？尋其始終，情不可忍，自今而後五品以上有薨亡者，其隨身魚袋不須追收』⋯⋯」。（宋）王溥，《唐會要》（北京：中華書局出版，1995），頁585。
〔註62〕（唐）杜佑，《通典》，頁355。
〔註63〕劉海峰，〈論唐代官員俸料錢的變動〉，《中國社會經濟史研究》，第2期（1985），頁20。

項……職事官從二品三十五項……職事官三品二十五項……」〔註64〕等三種俸祿項目（沒有俸錢），並得由官員出租人民耕作的方式以收取租錢。

這種俸祿之發放方式到了太宗貞觀年間則又改以月俸支給：

> ……一品月俸八千，食料一千八百，雜用一千二百。二品月俸六千五百，食料一千五百，雜用一千。三品月俸五千一百，雜用九百。四品月俸三千五百，食料、雜用七百……〔註65〕

其後復屢有更動，如玄宗開元二十四年：

> ……令百官防閤、庶僕俸食雜用以月給之，總稱月俸：一品錢三萬一千，二品二萬四千，三品萬七千……」、「……祿米則歲再給之：一品七百斛……二品五百斛……三品四百斛……四品三百斛……。〔註66〕

劉海峰曾統計官員在職田、祿米和俸錢上所得之總俸錢，以京官一品為例：一品職分田12頃，土地出租，以畝收粟6斗計，則年收粟720石，若以每斗粟折米6升計，則每年收粟折米432石，另一品官有祿米700石，二者合計1,132石，每月平均應為94.3石。

上述一品京官之總俸錢，若就太宗貞觀（626～649）時米價按平均每斗10文計算，則上述收成約可折成現錢9,430文，加上貞觀制一品官月俸有6,800文，總計每月月俸可得16,230文。

若換以玄宗開元（713～741）之制計算，米每斗20文，則一品之官職田、祿米所得可折成現錢18,860文，加上一品月俸31,000文，其合計月俸應為49,860文。

復依德宗貞元（785～805）之制計算，米每斗100文，則可折成9,430文，加上貞元制一品官的月俸20,000文，總計月俸應為29,430文。

綜合比較三種不同時期米價折現加上俸祿所得，清楚顯示在玄宗開元時期，百官所領的俸祿總額最高（相對物價也最高）。〔註67〕

檢視上述唐代官員的法定俸給總額（不含是否有貪贓枉法之額外隱性收入）〔註68〕，則玉製腰帶具若非由朝廷所配發，官員是否具有自行購置之能

〔註64〕　（宋）歐陽修、王祁，《新唐書》，頁1393～1394。
〔註65〕　（宋）歐陽修、王祁，《新唐書》，頁1396。
〔註66〕　（宋）歐陽修、王祁，《新唐書》，頁1399。
〔註67〕　劉海峰，〈論唐代官員俸料錢的變動〉，頁26。
〔註68〕　趙寬研究唐代官員正式薪俸以外的隱性收入，歸納為：貪汙受賄；對農人、

力？然玉製腰帶具的價值在文獻上缺乏對照資料時難以衡量，但是；在筆記小說中卻有若干記載可供比對和參考，如：《太平廣記・卷第二百四十三・治生・竇義》：

> ……又嘗有胡人米亮因饑寒，義見，輒與錢帛。凡七年，不之問。……義方閑居，無何，亮且至。謂義曰：『崇賢裡有小宅出賣，直二百千文，大郎速買之』。……亮語義曰：『亮攻於覽玉，嘗見宅內有異石，人罕知之。是搗衣砧，真於闐玉，大郎且立致富矣。』……延壽坊召玉工觀之，玉工大驚曰：『此奇貨也，攻之當得腰帶銙二十副。每副百錢，三千貫文』……〔註69〕

《太平廣記・卷第一百一十七・報應十六・裴度》：

> 唐中書令晉國公裴度，質狀眇小，相不入貴，屢屈名場，頗亦自惑。……他日出遊香山寺，徘徊於廊廡間，忽見一素衣婦人，致緹褶於僧伽欄楯之上，祈祝良久，瞻拜而去。少頃，度方見緹褶在舊處，知其遺忘也，又料追付不及，遂收取，以待婦人再至，……詰旦，複攜往，寺門始辟，睹昨日婦人，疾趨而至，憮聲惋歎，若有非橫。度從而問之，婦人曰：『阿父無罪被系，昨貴人假得玉帶二犀帶一，直千餘緡，以賂津要，不幸失去於此。……
> 〔註70〕

《舊唐書・卷一百六十三・列傳第八十八・孔公緒》：

> 柳公綽……子仲郢……子璞……玭……玭嘗述家訓以戒子孫曰……。永甯王相國涯居位，竇氏女歸，請曰：『玉工貨釵直七十萬錢。』王曰：『七十萬錢』，豈於女惜？……〔註71〕

依上述記載則竇義所出售的二十銙玉帶價值三千貫文（一貫1000文）、裴度所返還「玉帶二犀帶一」共值千餘緡（一緡1000文）；就此推估一玉帶之價值恐高達數百緡，而永甯王相國之女所稱「玉工貨釵直七十萬錢。」，雖非玉製腰帶具之價格，但仍充份顯示唐代高昂的玉價。

商人、轄下百姓及下屬的違法科征與巧取豪奪；舉息放貸、設置邸肆、客舍、販賣貨物之違法經商等。究其原因則以俸祿微薄而不足以生養為主。趙寬，《唐代官員隱性收入問題研究》，四川師範大學碩士學位論文，2012。

〔註69〕 （宋）李昉，《太平廣記五百卷》（臺北：文史哲出版社，1987），頁1877。
〔註70〕 （宋）李昉，《太平廣記五百卷》，頁816～817。
〔註71〕 （宋）李昉，《太平廣記五百卷》，頁817。

若以價值數百甚至數千貫的玉帶，對照於杜牧所撰〈唐故尚書吏部侍郎贈禮部尚書沈公行狀〉：「……公於京師開化裡致第，價錢三百萬……」、任蕃《夢遊錄》所言：「……元和十年，沈亞之從事隴西公軍涇州，隴西公曰『……後寓居長安平康裡南，以錢百萬買故豪洞民曲房之第』……」，〔註72〕已經足以在長安京畿地區購置豪門宅第；所以基於玉製腰帶具不菲之身價，即使以位居正一品的官員，在開元時期所支領最高每月 49,860 文的俸錢，應該還是無力支付購買玉製腰帶具的費用。

經由上述官員俸祿和玉製腰帶具價格的對照和評估：唐代官員以俸祿自行添購玉製腰帶具的可能性不高；但若由朝廷依官等全數配發，至少三品以上適格的官員人數當不在少數，朝廷要實際供應如此數量龐大的玉製腰帶具，亦恐捉襟見肘而力有未逮。

從唐代文獻史料的記載上清楚顯示：製作腰帶具的優質美玉數量稀少且得之不易！唐代中土關內地區缺乏優質美玉（于闐玉）的礦產，基本上其玉料均需仰賴外域礦區國家之朝貢方可取得；鄧淑蘋曾依據文獻記載而對於唐代中亞、西域等諸國，以朝貢方式輸入玉器、玉帶的情形作過統計其總計有 13 次，其中屬於玉帶的有 7 次，明載「于闐玉」者僅有 3 次，合計玉帶 4 條、帶銙 300 塊。〔註73〕

從鄧淑蘋的統計中不難發現西域諸國除於闐之外，尚有竺西國、大食、康國、土蕃、回鶻等中亞及西域國家，玉帶的種類和名稱也各有不同（寶鈿帶、鴨頭子玉腰帶不等），然其數量稀少實難滿足大唐王朝的實際需求。〔註74〕另外程越亦依據文獻之記載說明于闐美玉之輸入在隋唐時期並不興旺，除了朝貢之外也會透過粟特商人以民間貿易的方式輸入。〔註75〕因此；

〔註72〕王仲犖遺著，《金泥玉屑叢考》（北京：中華書局，1998），頁 170。

〔註73〕鄧淑蘋，〈從「西域國手」與「專諸巷」論南宋在中國玉雕史上的關鍵意義〉，北京大學，《考古學集刊（九）》（北京：文物出版社，2012），頁 444～445。

〔註74〕鄧淑蘋近來復依歷代正史及其他典籍所輯錄自三國時期至明代，也就是西元 220 至 1644 年，中亞與中原雙方玉器、玉料交流的紀錄共有 85 條，自南北朝至唐代（西元 420 年至 907 年）官方只記載從中亞、西進獻玉器，而未記載進貢玉料，但不排除民間有玉料自由貿易。統計數據中以于闐國進貢玉器、玉料的紀錄最多。事實上，據學者研究，唐晚期、五代至北宋記錄中的沙州（敦煌）、回鶻、吐番等地向中國進貢的玉器、玉料多也得自于闐，究其原因應係于闐國掌握了豐沛的河中玉籽料，相對也發展了榮盛的雕玉工藝所致。鄧淑蘋，〈探索歷史上的中亞玉作〉，頁 5～10。

〔註75〕程越，〈古代和闐玉向內地輸入綜略〉，《西域研究》，第 2 期（1996），頁 37。

美玉的取得既然必需要仰賴域外異國的供應或貿易進口，顯見朝廷在美玉缺乏的窘境之下，應無充足供應百官在玉製腰帶具使用上的龐大需求。

如上述在官員無力添購朝廷又難以足額供應的狀態下，唐代玉製腰帶具使用上的規定，或僅為例示性、宣示性質的規定，並無實質上的拘束和強制效力。但是檢視文獻上唐代官員獲得玉製腰帶具的記載，卻清楚顯現其多數皆來自於帝王的賞賜，並以臣屬職務上的特殊表現或軍功貢獻作為發放標準。因此就文獻規定與官員佩戴腰帶具實務運作上之衝突，如善用這種權謀性的作法，似可適度的解決這種窘境，其不僅可以將唐代有限的「玉料」資源作最充份的運用，又能實質發揮實攏絡和犒勞臣屬的激勵作用。

上述這種權謀性作法在文獻上似又區分為軍功和非軍功兩大類型：

1、軍功型：竇曒墓出土之「玉梁金筐寶鈿真珠裝蹀躞帶」，係上柱國竇曒曾和其父竇抗隨同唐太宗征討薛舉、薛仁杲、劉武周、王世充等，應係以軍功彪炳的事蹟獲得御賜。〔註76〕其餘文獻上關於以軍功和非軍功獲得帝王御賜玉帶的記載如（表八）統計：

表八、唐代文獻上御賜玉帶統計表

文獻名稱	類型	內　　容	資料出處
《新唐書》	軍功型	「……靖五代孫彥芳……靖破蕭銑時，所賜於闐玉帶十三銙，七方六刓，銙各附環，以金固之，所以佩物者。……」	《新唐書・卷九十三・列傳第十八・李靖》〔註77〕
		「……載義請討賊自效，文宗（826～840）嘉之，進檢校尚書右僕射。斬級數有功，賊平，詔同中書門下平章事，賜白玉帶，示殊禮……」	《新唐書・卷二一二・列傳第一百三十七・李載義》〔註78〕
《舊唐書》	軍功型	「……穆宗（821～824）以光顏功冠諸將，故召赴闕，讌賜優給……穆宗禦通化門臨送之，賜錦彩、銀器、良馬、玉帶等物……」	《舊唐書・卷一六一・列傳第一百一十一・李光顏》〔註79〕

〔註76〕負安志，〈陝西長安縣南王裡村與咸陽飛機場出土大量隋唐珍貴文物〉，《考古與文物》，第1期（1993），頁49。

〔註77〕（宋）歐陽修、王祁，《新唐書》，頁3816。

〔註78〕（宋）歐陽修、王祁，《新唐書》，頁5978。

〔註79〕楊家絡，《新校本舊唐書附索引五》，頁4222。

《唐語林》	軍功型	「……裴晉公平淮西後，憲宗（805～820）賜玉帶。臨薨欲還進，使記事作表，皆不愜，公令子弟執筆，口占狀曰：『內府珍藏，先朝特賜。既不敢將歸地下，又不合留向人間，謹卻封進。』聞者歎其簡切而不亂。……」	《唐語林·卷二·文學》〔註80〕
《舊唐書》	非軍功型	「……穆宗長慶三年十月（824）……新除江西觀察使李紳為戶部侍郎。紳既罷除江西，上令中使就第賜玉帶……」	《舊唐書·卷十六·本紀第十六·穆宗》〔註81〕
		「……穆宗長慶初（821），易置鎮、魏守臣，元卿詣宰相深陳利害，並具表其事。後穆宗感悟，賜白玉帶……」	《舊唐書·卷一六一·列傳第一百一十一·楊元卿》〔註82〕
		「懿宗咸通……十年（870），徐人作亂，……進助軍米五十萬石，鹽二萬石，詔嘉之，賜以錦彩、玉帶、金銀器等……」	《舊唐書·卷一百八十·列傳第一百三十·張允伸》〔註83〕
《安祿山事跡》	非軍功型	「……玄宗（712～755）每於苑中……召祿山男慶緒及女婿歸義王李獻誠，祿山養兒王守忠，安忠臣等赴闕，到日並賜衣服、玉腰帶……」	《安祿山事跡》〔註84〕
《安祿山事跡》	非軍功型	「……正月一日是祿山生日……玄宗賜金花大銀盤二……玉腰帶一並金魚帶一……」	《安祿山事跡》〔註85〕
《明皇雜錄·逸文》	非軍功型	「……上自解紅玉帶賜寧王……」	《明皇雜錄·逸文》〔註86〕

　　不過；目前上述這些記載御賜功勳者的玉製腰帶具，均未見其文物出土的實例而難以考證。準此本文推論：基於玉帶來源不足和百官無力添購等供

〔註80〕　（宋）王讜，《唐語林》，頁49。
〔註81〕　楊家絡，《新校本舊唐書附索引一》，頁503。
〔註82〕　楊家絡，《新校本舊唐書附索引五》，頁4229。
〔註83〕　楊家絡，《新校本舊唐書附索引六》，頁4679。
〔註84〕　（唐）李德裕等編，〈安祿山事蹟〉，《唐開元小說》（臺北：廣文書局，1976），頁146。
〔註85〕　（唐）李德裕等，〈安祿山事蹟〉，頁146。
〔註86〕　《舊唐書》記載李憲為睿宗長子，後因玄宗軍功卓著乃讓位於玄宗，死後追諡曰讓皇帝，《新唐書·卷九十五·列傳第四十五·睿宗諸子》則記載李憲善吹橫笛並與長於羯鼓的玄宗經常附和於音律。（唐）鄭處誨撰，〈明皇雜錄〉，《唐·五代筆記小說大觀》（上海：上海書局，2000），頁987。

需失調的困境，唐代帝王或沿襲前朝以金帶作為犒賞臣屬之作法，權變的運用玉製腰帶具適時的平衡了法規與實務上之衝突和不足；這種變革的重點不僅創新了腰帶具使用上對於質地與品第上森嚴規定的先例，〔註87〕更適時的深化了帝王攏絡和控制臣屬的作用。

就此；齊東方所稱何家村出土之窖藏文物，係租庸使劉震在德宗時期發生的涇原兵變中，取自於朝廷庫藏而私自掩埋的窖藏品、〔註88〕葛承庸先生亦以窖藏銀鋌銘刻國庫字樣、儲存用銀盒上似為內庫出納檢驗墨書字體和皇家才有的製作工藝等理由，說明其應為國庫所有〔註89〕等說法；用以推論並解釋唐代玉製腰帶具在出土數量上，呈現窖藏多於墓葬的特殊現象，似為較貼近於史實原貌的觀點。此外；齊東方所提喪葬觀念改變的問題，是否也是可能的原因之一？亦應為後續延伸探討和關注的重點。

小　結

本節對於文獻上玉製腰帶具與身分表徵關係，進行統整、比對和衍生議題之多方探討；初步釐清具有「玉製」腰帶具屬性者，略有「起梁帶」、「金玉帶」與「玉帶」等三大形制。

復以玉製腰帶具與「蹀韘帶」功能屬性似為重疊之疑義，推論當區隔為：具有「穿孔」或「附環」繫物功能的蹀韘型「金玉帶」、蹀韘型「玉帶」；不具「穿孔」或「附環」繫物功能的「金玉帶」和「玉帶」等兩大類型；以及融合金、玉、寶石等多種複合材質之腰帶具，似均應回歸適用於文獻上「起梁帶」之名稱等，以避免混淆併稱之建言。

其次就文獻記載與出土玉製腰帶具逐一比對，釐清並擬制其較為妥適之形制名稱。並就過程中浮現的附帶議題：附環型腰帶具流行於唐代以前的問題，似應與飾銙「附環」或「穿孔」，兩者在繫物功能上發生重疊的現象有關。

〔註87〕唐代初期輿服制度均沿襲於隋代，但《隋書》上就百官革帶之規定僅見：「……今博三寸半，加金縷〈角葉〉，螳蜋鉤，以相拘帶。自大裘至於小朝服，皆用之……」，顯見唐代這種官員服裝配備腰帶具使用上品第之限制係自創之規定。

〔註88〕陝西省歷史博物館、北京大學考古文博學院、北京大學震旦古代文明研究中心，《花舞大唐村──何家村遺寶精粹》（北京：文物出版社，2003），頁 13～17。

〔註89〕陝西歷史博物館，《陝西歷史博物館二十年文集》（西安：三秦出版社，2011），頁 28～34。

　　至於唐代「金帶」多出土於域外墓葬的原因，或為帝王喜以「金帶」作為對外四夷服飾賞賜（對內則以玉帶犒勞朝臣）之慣例。並對於文獻上大量提及之「金玉帶」卻比「玉帶」鮮少出土之狀態，推論或與文獻記載之失真和缺漏的狀態有關。

　　至於唐代玉料「供、需」問題，則援引正史以外小說對於「玉製腰帶具」價值之描述，比對唐代文官制度之俸給制度，推論文獻上所未提及之「供、需」問題，在三品以上文官無自行添購，朝廷也礙於玉料短缺無力全面供給，僅能以「帝王恩賞」的方式發放的狀態之下；似可呼應於多數學者就「窖藏」出土玉製腰帶，當為國家庫藏物品之推論。

　　最後探討《唐實錄》所載天子專用「龍紋、萬壽、洪福等琱（雕）紋」及「二十四銙」玉帶，在實務上並無相關出土記錄之問題，更待日後更多文物之出土方能解疑。

　　綜而論之；唐代墓葬和窖藏出土的各式腰帶具，在數量證實了「玉製」腰帶具在使用上明顯居於主流的地位，雖然絕大多數均缺乏墓誌或其他可供辨識和考證之依據，但使用者必需具備相當官等身分之適格要件，這種標準上的限制是不容置疑的。

　　唐代文獻上對於各類腰帶具的使用規定存在許多分歧、重疊或缺乏邏輯的現象，諸如：在腰帶具名稱、適用官等、銙數限制等，均有其難以釐清的模糊地帶。這種現象在目前玉製腰帶具出土數量偏少的狀況之下，確實尚缺乏更有效的解決機制。不過；從出土玉製腰帶具與文獻對照所呈現的結果顯示：其確實連動地促使唐代玉製腰帶具在文化功能上發生若干的變革，而變革的重點在於確立並強化了官場上以「玉」作為「辨官等、明貴賤」的深度。

第二節　階級性世俗取向的盛行

　　依據唐代律令規定至少三品以上官員方得使用的「玉」質或「金玉」質腰帶具，對應於本文所統計目前出土的各類腰帶具飾銙，實際上顯示僅在純玉製和金玉共構型腰帶具上方碾琢以紋飾，至於其它材質製作之腰帶具如：金質、鎏金、銅、鐵等幾為光素無紋的狀態。〔註 90〕就此；唐代腰帶具飾銙

〔註90〕　寧夏回族自治區中部的吳忠市西郊曾發掘出土 120 座唐墓，其中 30 座墓葬中
　　　　　均出土了銅、鐵質腰帶具之飾銙、鉈尾等構件共計 135 件，但是全部均為光

是否碾琢紋飾，係以官員品第配合律定的材質作爲判別之基準當無疑義。

　　然而；唐代玉製腰帶具的使用，不僅受到身分等級之限制而充滿了強烈的階級性，其飾銙上的裝飾母題，也發展出既符合當代世俗性取向又具有階級象徵之對應紋飾，本文試就這種階級性世俗取向盛行之樣貌探討如下：

一、花卉紋

　　源自於世俗自然原貌的花卉紋飾，出現在唐代玉製腰帶具飾銙上，正是代表玉器在裝飾母題上，歷經漢、魏晉南北朝的演變以及佛教等外來文化的衝擊，已經漸次的擺脫傳統上所背負禮天、祭地、巫筮、神怪的沉重宿命，並且在大唐盛世中發展出多元、自由且充滿濃烈生命活力的世俗風貌。

　　唐代由於絲路貿易的發達間接帶動了社會經濟繁榮，當物質與財富獲得相當滿足之後，人們對於精神層面的需求就會愈加迫切，「遊園、賞花」的出現適時成爲百姓填補這種世俗性需求的重要來源。其透過專業「花農」和「花市」的成立、大量外域花卉品種的輸入、僧人與寺廟的種植和推廣、園林別業的繁盛、溫暖適中的氣候等因素、積極帶動了唐代整個花卉事業的榮景；〔註91〕「買花」、「賞花」成爲唐代百姓重要的日常生活情趣，唐代詩人來鵠曾以《賣花謠》生動描述這種花卉供需的情境：「紫豔紅苞價不同，匝街羅列起香風。無言無語呈顏色，知落誰家池館中。」。

　　原本這種普羅大眾日常生活情趣的世俗景像，當帝王及權貴們加入後又形成了另類的階級奢靡的樣貌。《新唐書・卷二百〇二・列傳一百二十七・文藝中》記載：

> ……凡天子饗會游豫，唯宰相及學士得從。春幸梨園，並渭水
> 祓除，則賜細柳圈辟癘；夏宴蒲萄園，賜朱櫻；秋登慈恩浮圖，獻
> 菊花酒稱壽；冬幸新豐，歷白鹿觀，上驪山，賜浴湯池，給香粉蘭
> 澤……帝有所感即賦詩，學士皆屬和。當時人所歆慕，然皆狎猥佻
> 佞，忘君臣禮法，惟以文華取幸。……〔註92〕

文獻中所稱：「細柳圈」、「朱櫻」、「菊花」、「蘭澤」均是花卉植物之屬，

素無紋。寧夏文物考古研究所、吳忠市文物管理所，《吳忠西郊唐墓》（北京：文物出版社，2006），頁298～299、表六。
〔註91〕王文，《唐代花卉文化研究》，華中師範大學碩士學位論文，2014。
〔註92〕（宋）歐陽修、王祁，《新唐書》，頁529。

帝王並領頭進行賞花的「饗會遊豫」，即興之際且「忘君臣禮法，惟以文華取幸」，足見其盛況。朝廷更公開鼓勵官員並「賜錢」以助遊賞之舉，《資治通鑑・卷二一三・唐紀二十九》記載：

> 玄宗開元十八年（730）……二月，癸酉，初令百官於春月旬休，選勝行樂，自宰相至員外郎，凡十二筵，各賜錢五千緡，上或禦花萼樓邀其歸騎留飲，迭使起舞，盡歡而去。……〔註93〕

即使是唐代律定二月十五日為花朝節，並與元月十五元宵節和八月十五中秋節合稱為三個「月半節」，如此重要的民俗重要節慶，基本上亦僅流行於上流社會和官宦階層，而非全民性的節日。〔註94〕除了「賞花」「遊園」之外，唐代貴婦面部化妝慣施於眉心以收「翠鈿檀注助容光」之效的「花鈿」、用以固定髮髻玉、金、銀等貴重材質之簪、釵等，亦多仿傚花形而為之。〔註95〕在如此攀附援引和上行下效風氣的驅動之下，民間豪門仕紳也不落人後的仿傚官方遊賞之樂，甚至發展出「鬥花」、「裙幄」（用裙子張掛連結而成的帷幕）等驚人的奢靡之舉。〔註96〕

此外大規模園林別業的出現，亦為間接助長了上述奢靡狀態蔓延的因素；唐代在皇家園林、寺觀園林、私家園林、公共園林等均十分發達，《唐代園林別業考錄》一書曾統計有唐一代留下名稱之園林，可能比前代園林總和還要多，僅留有名稱之私園就有一千多處，書中稽考羅列者竟達七百多處。《陝西園林史》記載：「唐長安以都城為中心，郊野遍佈園林勝跡。私人郊野別墅園廣布於都城的東郊與南郊。」《洛陽名園記》中復記載：「唐貞觀、開元之間，公卿貴戚開館列第於東都者，號千有餘所。」〔註97〕

此際；「花卉」儼然成為唐代帝王權貴及名門豪士作為彰顯身份與財富之標誌，其原始附庸風雅的世俗樣貌已經不復存在，並且充滿高度的階級競

〔註93〕（宋）司馬光編、（元）胡三省注，《資治通鑑》（北京：中華書局出版，1996），頁6788。

〔註94〕王蕾，〈唐宋時期的花朝節〉，《華夏文物》，第4期（2003），頁194。

〔註95〕孫機，〈唐代婦女的服裝與化妝〉，《文物》，第4期（1984），頁65～68。

〔註96〕《開元天寶遺事十種・鬥花》中記載：「長安王士安，春時鬥花，戴插以奇花多者為勝。皆用千金市名花植于庭苑中，以備春時之鬥也。」另《開元天寶遺事十種・裙幄》復載：「長安士女遊春野步，遇名花則設席藉草，以紅裙遞相插掛，以為宴幄，其奢逸如此也。」（五代）王仁裕等撰、丁如明輯校，《開元天寶遺事十種》，頁97。

〔註97〕王文，《唐代花卉文化研究》，華中師範大學碩士學位論文，2014，頁26。

爭性。這種現象不僅出現在原本階級象徵性就相當明確的玉製腰帶具上（諸如：西安堡子村出土玉帶腰帶具飾塊上類似團花的紋飾、西安竇皦墓出土「玉梁金筐寶鈿眞珠裝蹀躞帶」上的忍冬紋、〔註98〕吉林省和龍渤海王室墓群出土金托玉帶上的花草紋等），其它的玉器物件上也有類似的傾向〔註99〕，均可作爲呼應這種階級性世俗取向的最佳例證。〔註100〕（圖四十七、四十八）。

圖四十七、陝西西安市堡子村墓葬出土玉帶腰帶具花卉紋飾塊

圖片來源：劉雲輝，《北周隋唐京畿玉器》，重慶：重慶出版社，
2000，圖版 72，T109。

〔註98〕齊東方認爲自南北朝時期中國紋樣史第一次大變革以來，具有濃厚外來文化色彩的蓮花、忍冬紋等，開始出現在佛教遺跡和遺物中；到了第二次大變革的唐代，這些原本具有宗教色彩的紋樣已然藝術化、裝飾化，並轉化新樣式成爲唐代自身文化之一部份。齊東方，《唐代金銀器》，頁130。

〔註99〕這種以花卉作爲裝飾母題的現象，亦常見於腰帶具以外出土之玉器上，諸如：陝西西安西安大學內唐興慶宮遺址出土的海棠石榴紋玉簪花、海棠鴛鴦紋玉簪花；陝西西安何家村出土白玉忍冬紋八曲長杯；陝西扶風法門寺地宮出土純金寶函金筐寶鈿眞珠裝（寶相花）等，亦均屬於皇宮及皇權所擁有。劉雲輝，《北周隋唐京畿玉器》，圖版21、44、137。

〔註100〕《新唐書·卷三十四·志二十四·五行一》中記載：「高宗嘗內宴，太平公主紫衫、玉帶、皀羅折上巾，具紛礪七事，歌舞於帝前。帝與武后笑曰：『女子不可爲武官，何爲此裝束？』」就此：玉製腰帶具飾銙上的花卉紋裝飾母題，是否爲女性著男裝時所專用？不過目前除永泰公主墓曾出土玉梁帶殘件以外，玉製腰帶具幾無出土於女性墓葬；故此項疑惑的可能性尚待釐清。（宋）歐陽修、王祁，《新唐書》，頁878。

圖四十八、陝西何家村窖藏出土白玉忍冬紋八曲長杯

圖片來源：陝西省歷史博物館等，《花舞大唐村—何家村遺寶
精粹》，北京：文物出版社，2003，頁 99。

二、獅　紋

　　對於中原地區來說，獅子原是一種非本土性的外來物種，獅子正式進入
中原地區應在張騫通西域以後，但是；關於正史上獅子入華的最早記錄則是
見諸於東漢時期，《後漢書》曾載：「……月氏國獻師子……」、「……安息國
遣使獻師子……」等西域貢獅的記錄。至於所謂「師子」在先秦時期常與「狻
猊」混稱，到了晉代郭璞注《穆天子傳》方明確指出：「狻猊，師子，亦食虎
豹」，林梅村研究認為狻猊一詞應來自塞語，並據以說明狻猊即獅子，也是中
西文化交流下的產物。〔註101〕

　　就中土傳統龍、鳳、麒麟等「神物」而言；獅子係以其異於中土罕見的
外來世俗性寫實樣貌，被援引套用在各類金、銀、銅、石、陶、玉器及織物、
繪畫之領域，並積極扮演辟邪、鎮宅、威懾、守陵、防侵、護佑、降幅、納
祥等多樣功能角色。

〔註101〕林移剛，〈獅子入華考〉，《民俗研究》，第 1 期（2014），頁 69。

事實上獅子並不具有中土世襲「龍、鳳、麒麟」等「神靈」之特性，〔註102〕其形象之所以能在唐代大放異彩，完全是因爲其附加了中原華夏的文化思維與內涵，進而形成兼具威猛與詳和的面貌特色。就此獅子內涵和外型下所具有的寫實性世俗功能，在唐代獲得了充分的利用，並展現出唐代特有的民族自信和開放的文化包容精神。〔註103〕

但是畢竟獅子這種外來朝貢的稀有物種，大多被圈養於帝王園囿之中，〔註104〕據《通典》記載在宮廷樂舞二部伎中立部伎所屬樂曲「太平樂」，亦稱之爲「五方師子舞」，係模仿宮廷調教師馴獅模樣以娛帝王之舞蹈；〔註105〕而負責宮殿門禁及守衛職事的左右監門衛將軍，其袍服（異文袍）〔註106〕上亦繡以獅紋彰顯其威猛和忠誠。〔註107〕諸此種種現象均表明其被附加的鮮明階級隸屬色彩。

相對於皇室權貴對於「獅子」形象的運用，民間對於「素未謀面」獅子並無貼近瞭解的機會，事實上百姓對於獅子的印象，係來自於佛教信仰中作爲菩薩座騎的獅子神獸獅，人們並根據需要運用想像力予以改造，藉以形成新型的本土性崇獅習俗文化；此際人們所崇拜的不是獅子原本令人畏懼的外貌，而是其內蘊辟邪、鎮宅、護佑、降幅、納祥的精神，其後衍生的「舞獅」民俗活動，更是遍佈通都大邑和窮鄉僻壤，並向民俗文化生活中的各個領域

〔註102〕唐代武后登基後曾鑄「頌德天樞」的八棱銅柱，其上所處之位置係爲「龍」居中而「獅」在側的布局，並非傳統「靈物」之列（外來佛教聖獸之形象除外）。蔡鴻生，〈唐代九性胡與突厥文化〉（北京：中華書局，1998），頁202。

〔註103〕侯曉斌，〈唐代獅子紋樣與相關活動略考〉，《文博》，第2期（2004），頁43～49。

〔註104〕唐朝爲了蓄養這種外來的稀有動物，必需設置專門機構、雇用專職飼養人員進行馴養和管理。侯曉斌，〈唐代獅子紋樣與相關活動略考〉，頁48。

〔註105〕（日）案成邊雄著、梁在平、黃志炯譯，《唐代音樂史的研究‧下》（臺北：中華書局，1973），頁620。

〔註106〕以「異文」名服物最早見於曹魏，「異文袍」係指繡以奇異紋飾的官袍織物。玄宗曾頒《禁奢侈服用敕》：「……天下更不得採取珠玉，刻鏤器玩，造作錦繡珠繩、織成帖絹、二色綺、綾、羅，作龍鳳、禽獸等異文字……」其中「異文字」就是指官袍織物上奇獸紋飾。馬冬，〈唐朝官服「異文」與「陵陽公樣」〉，《西域研究》，第2期（2008），頁68～71。

〔註107〕《唐會要‧卷三十二‧輿服下‧異文袍》記載：「……延載元年五月二十二日，出繡袍以賜文武官三品巳上。其袍文仍各有訓誡。……左右監門衛。飾以對獅子。……開元十一年六月。敕諸衛大將軍。中軍郎將袍文……監門衛獅子文。每正冬陳設。朝日著甲。會日著袍。……」（宋）王溥，《唐會要》，頁582。

逐步擴散。〔註108〕

　　「獅子」在唐代發展出官方階級性和民間世俗性的雙重形象，不過就其實際豢養和稀有性，仍應以階級擁有和使用為重，就此學者考據西安市何家村窖藏出土，多副碾琢各式獅紋的玉製腰帶具，認為應出自於宮中國庫珍藏的看法，與此相互呼應，亦印證玉製腰帶具飾銙上的獅紋裝飾母題，其高度階級性世俗化的表徵功能（圖四十九、五十、五十一）。

圖四十九、陝西何家村窖藏出土碾獅紋白玉飾塊

圖片來源：劉雲輝，《北周隋唐京畿玉器》，重慶：重慶出版社，
2000，圖版 85，T129。

〔註108〕舞獅活動在唐代非常盛行，無論在宮廷、軍營還是在民間，舞獅均為人們喜聞樂見的活動。詩人白居易在《西涼伎》中也曾描繪此種景象：「西涼伎，假面胡人假獅子，刻木為頭絲作尾，金鍍眼睛銀帖齒，奮迅毛衣擺雙耳，如從流沙來萬裡，紫髯深目兩胡兒，鼓舞跳梁前致辭……」王繼娜，〈關於中國舞獅起源與發展的初步探討〉，《體育科學研究》，第 9 卷第 3 期（2005年 9 月），頁 29。

圖五十、陝西何家村窖藏出土鎏金雙獅紋銀碗

圖片來源：陝西省歷史博物館等，《花舞大唐村——何家村遺
寶精粹》，北京：文物出版社，2003，頁 119。

圖五十一、西安乾陵神道側石獅

圖片來源：作者自拍於西安乾陵，2015.05.28

三、胡人樂舞紋

　　1986 年在陝西安康紫陽縣一座已遭破壞的北朝墓葬中，出土 6 塊胡人樂
舞銅質帶板（包括：編號 1 號的舞伎 1 塊、編號 2 至 6 號的樂伎 5 塊，其中

編號 6 號其中部殘缺圖像已不可辨識。），這組胡人樂舞銅質帶板，應是目前
出土腰帶具上胡人樂舞裝飾母題最早的原型（圖五十二）。〔註109〕

圖五十二、陝西紫陽縣發現北朝樂舞伎銅飾

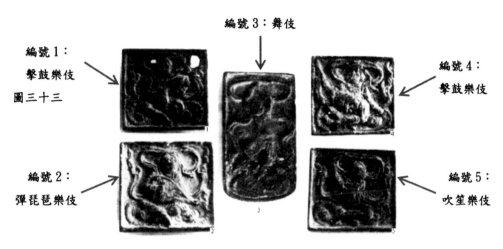

編號 3：舞伎

編號 1：
擊鼓樂伎
圖三十三

編號 4：
擊鼓樂伎

編號 2：
彈琵琶樂伎

編號 5：
吹笙樂伎

圖片來源：李厚志，〈紫陽縣發現北朝樂舞伎銅飾〉，《考古與
文物》，1989 年第 1 期，頁 55。

　　唐代因爲胡風東漸的緣故，各種與胡人相關的服飾、飲食、娛樂等等，
不僅充斥於唐人的日常生活之中，相對的這些外來的胡人文化、風俗也會深
深的融入到唐人的各種文化層面之中，如此導致胡人樂舞這種世俗寫實性的
裝飾母題，廣汎的遍及金、玉、陶、瓷、墓室壁畫、石窟壁畫、繪畫等各種
材質的藝術創作之中（圖五十三、五十四、五十五），呈現出一種常態性的世
俗風貌。

〔註109〕李厚志，〈紫陽縣發現北朝樂舞伎銅飾〉，《考古與文物》，第 1 期（1989），頁
　　　　55。

圖五十三、西安東郊蘇思勖墓室東壁胡人樂舞（胡騰舞）圖

圖片來源：冀東山，《神韻與輝煌──陝西歷史博物館國寶鑑
賞──唐墓壁畫卷》，北京：三秦出版社，2006，
頁 211～212。

圖五十四、陝西何家村出土「鎏金樂伎紋八稜銀杯」

深目、高鼻、頭戴瓦
楞帽的胡人樂、舞伎

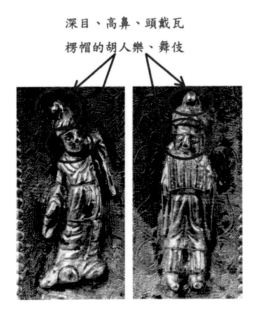

圖片來源：陝西歷史博物館等，《花舞大唐村──何家村遺寶
精粹》，北京：文物出版社，2003，頁 81。

圖五十五、莫高窟第 220 窟（初唐）樂舞圖局部

圖片來源：敦煌研究院編，《敦煌壁畫線描百圖》，上海：上海
古籍出版社，2004，頁 94。

　　唐初朝廷對於樂舞已建置完備的管理機構，由太常寺及其下設之太樂
署、鼓吹署等部門，統管宮廷禮儀祭祀、宴享娛樂等演出事宜。〔註 110〕其後
玄宗又甄選坐部伎子弟三百教於梨園，〔註 111〕並將梨園擴增爲「宮內梨園」、
「太常梨園」和「禁苑梨園」等三種，其中「太常梨園」又成爲國家專管樂
舞的機構。〔註 112〕另在樂舞中所使用的樂器如：箜篌、琵琶、篳篥、貝、雞
婁鼓、毛員鼓、羯鼓、答臘鼓等〔註 113〕；舞蹈類型如：胡旋、胡騰、拓枝舞
等；〔註 114〕樂舞者如：唐高祖曾拜西域舞工安叱奴爲散騎常侍（五品）、唐太
宗亦重用西域樂工白明達爲監察禦史（正八品）〔註 115〕、玄宗最鍾愛胡旋舞

〔註 110〕史料出於《舊唐書·志第二十四·職官三》，頁 1872～1873。

〔註 111〕史料出於《新唐書·卷二十二·志第十二·禮樂十二》。（宋）歐陽修、王
祁，《新唐書》，頁 511。

〔註 112〕翟春玲，〈試析唐代樂舞的發展〉，西安市文物保護考古所，《西安文物考古研
究》（西安：陝西人民出版社，2004），頁 258。

〔註 113〕（日）岸成邊雄著、梁在平、黃志炯譯，《唐代音樂史的研究·下》，頁 525
～528。

〔註 114〕翟春玲，〈試析唐代樂舞的發展〉，頁 260。

〔註 115〕（日）岸成邊雄著、梁在平、黃志炯譯，《唐代音樂史的研究·上》，頁 183
～184。

高手，一人身兼平盧、範陽、河東三節度使的胡將安祿山等；〔註116〕均大量取自或來自於西域異邦，這種中外合併的制度也成就了唐代樂舞上獨樹一幟的發展風格。

上述充滿異域胡風的樂舞和制度，實質上受到朝庭的嚴格管控，樂舞者中亦有多人成為朝廷之高官，所以其適用之對象和地點多侷限於宮廷內院和皇權貴族，實具有高度的階級限制性；因此將這種十足世俗寫實性的樂舞裝飾母題，運用在三品以上官員的玉製腰帶具飾銙、鉈尾之上，其階級性世俗取向的趨勢相當明確。其更多的內涵意義，本文將在本章第三節「胡人樂舞裝飾母題之獨特意象」中持續探究。

四、其他人物紋

唐代玉製腰帶具飾銙、鉈尾上碾琢的紋飾雖然以胡人樂舞居多，但是仍有其他的人物紋飾（胡人獻寶紋、〔註117〕胡人持杯飲酒紋、〔註118〕胡人觀樂舞紋、胡人歌唱紋、胡人執瓶紋〔註119〕等），這些人物紋飾與胡人樂舞紋，似乎在玉製腰帶具的紋飾結構上，形成一種具有動態關聯性的特殊組合模式，現以下列已碾製樂舞紋的玉帶為例：西安何家村（一副）、丈八溝（三副）與關廟（總計零散出土10塊碾製樂舞紋或人物紋方銙）說明之（圖五十六、五十七、五十八、五十九、六十）。

〔註116〕據唐小說《安祿山事跡》記載：「……晚年益肥腹垂過膝……美行以肩膊左右擡挽其身方能移步，玄宗美令作胡旋舞其疾如風……」（唐）李德裕等編，〈安祿山事蹟〉，頁136。

〔註117〕胡人「識寶」、「鑑寶」、「賣寶」、「贈寶」等的故事，在唐人小說《太平廣記》中出現達40則之多，實際除反應西域諸國寶石礦藏之豐盛外，更突顯其與唐代在政治、文化、經濟上交流的頻繁。左安秋，〈《太平廣記》中胡人識寶故事的型態結構分析〉，《韶關學院學報・社會科學》，第37卷第3期，2016年3月，頁52～56。胡人手持寶物「獻寶」進貢，則是滿足了唐朝自認臣服四海、唯我獨尊的之帝國心態。金申，〈談胡人獻寶圖的起源〉，《收藏家》，第6期（1996），頁31～35。

〔註118〕王自力、包燕麗等學者均認為玉帶飾銙上的胡人持杯飲酒紋，應與胡人好酒的習俗有關。王自立，〈西安西郊出土唐玉帶圖像考〉，頁65。包燕麗，〈胡人玉帶圖像考〉，頁469～484。

〔註119〕王自力檢視關廟出土玉帶「胡人執瓶」方銙，紋飾特徵為鳳首、長頸、圓腹、高圈足、單柄，並說明胡瓶往往出現於飲宴場合，應為一種酒器。王自立，〈西安西郊出土唐玉帶圖像考〉，頁65。

圖五十六、何家村出土胡人伎樂獅紋玉帶拓片排列圖

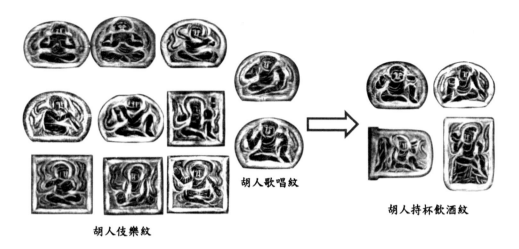

胡人歌唱紋

胡人持杯飲酒紋

胡人伎樂紋

圖片來源：劉雲輝，《北周隋唐京畿玉器》，重慶：重慶出版社，
2000，頁 93～102。

圖五十七、西安丈八溝出土灰青玉胡人伎樂紋玉帶拓片排列圖

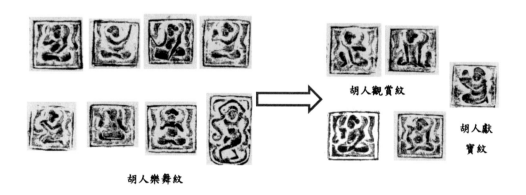

胡人觀賞紋

胡人獻
寶紋

胡人樂舞紋

圖片來源：感謝劉雲輝先生提供拓片資料 2015.05.27

圖五十八、西安丈八溝出土白玉胡人伎樂紋玉帶拓片排列圖

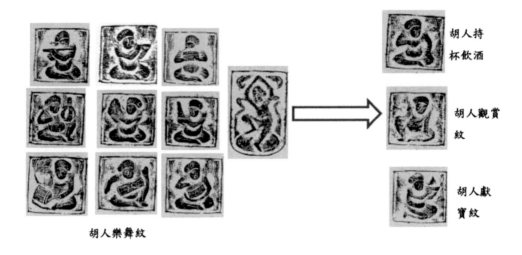

胡人樂舞紋

胡人持杯飲酒

胡人觀賞紋

胡人獻寶紋

圖片來源：感謝劉雲輝先生提供拓片資料 2015.05.27

圖五十九、西安丈八溝出土青玉胡人伎樂紋玉帶拓片排列圖

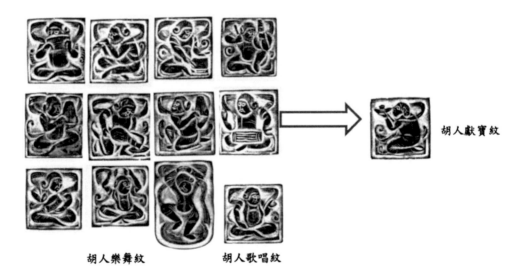

胡人獻寶紋

胡人樂舞紋　　　胡人歌唱紋

圖片來源：感謝劉雲輝先生提供拓片資料 2015.05.27

圖六十、西安關廟小學工地出土胡人伎樂紋玉帶一批拓片排列圖

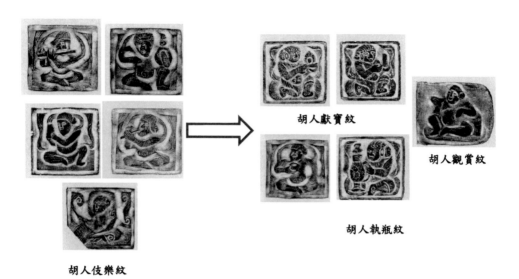

胡人獻寶紋

胡人觀賞紋

胡人執瓶紋

胡人伎樂紋

圖片來源：王自立，〈西安西郊出土唐玉帶圖像考〉，《文物》，
第 8 期（2013），頁 62～69。

　　從上述圖例中可以觀察到成副的玉製腰帶具紋飾相互之間，似乎具有一定的動態聯結組合關係，也就是分別結合以表演者（樂伎紋、舞伎紋、歌唱伎紋）、觀賞者（持杯飲飲酒紋、觀賞紋）、侍者（執瓶紋），甚至是納貢者（獻寶紋），其共構並形成一種熱鬧的組合性動態圖像。

　　在這種連續動態的圖像當中，我們似乎可以感受到表演者、觀者、侍者或獻寶者，彼此之間的互動和盡情揮灑的熱鬧情境，這種運用紋飾串連形成一定動態映像的巧思和設計，充足的在原本單調平淡的紋飾和工藝中，注入一股躍動活潑的盎然生氣，配戴者也因爲這種巧思和設計，獲得了額外愉悅的感受和氛圍，甚至因爲獻寶紋的出現，進一步彰顯出擁有者的尊貴階級身份。

　　唐代玉製腰帶紋飾凝聚了上述各類的動態組合關係，例如：何家村胡人伎樂獅紋玉帶，集結了表演者（伎樂紋、歌唱紋）、觀賞者（持杯飲飲酒紋）和納貢者（獻寶紋），也是目前出土成副玉帶中，唯一不以舞伎紋而是以胡人持杯飲酒紋作爲鉈尾紋飾。〔註120〕丈八溝出土灰青玉和白玉胡人伎樂紋二副玉帶，均

〔註120〕紋飾統計圖中未置入唯一不同的「獅紋」半圓銙，劉雲輝認爲在本副玉帶中，出現有別於其他人物伎樂紋的「獅紋」銙，究係誤置或有意爲之尚需深入探

集結表演者（樂舞紋）、觀賞者（觀賞紋、持杯飲飲酒紋）和納貢者（獻寶紋）。
丈八溝出土青玉胡人伎樂紋玉帶，則集結表演者（伎樂紋、歌唱紋）和納貢者
（獻寶紋）。關廟小學工地出土的一批胡人伎樂紋玉帶雖零散不齊，但是仍然可
以發現表演者（樂伎紋）、觀賞者（觀賞紋、持杯飲飲酒紋）、侍者（執瓶紋）
和納貢者（獻寶紋）等，諸多同屬動態組合內容中的相關紋飾。

　　這種胡人飲酒樂舞歡愉的動態組合景象，在唐代北周貴族史君墓（粟特
胡人、官至涼州薩保）石榕 N2 戶外飲宴圖（圖六十一）、安伽墓（粟特胡人、
官至涼州薩保）屏風石榻畫右側第二副，可以非常清楚的一窺其貌（圖六十
二）。

圖六十一、西安北周史君墓石榕 N2 戶外飲宴圖（左）
圖六十二、西安北周安伽墓屏風石榻畫右側第二副（右）

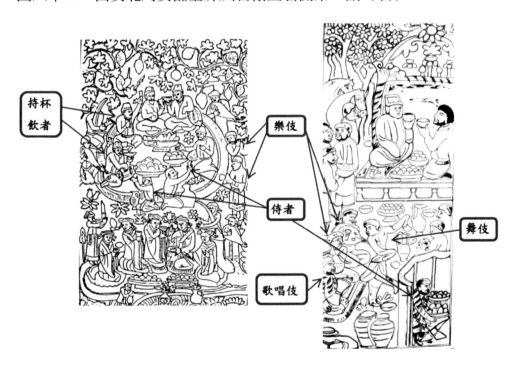

圖片來源：張禎，〈目前發現入華胡人石質葬具圖像中反應的
酒文化〉，《文博》，第 3 期（2010），頁 39～41。

討。劉雲輝，〈唐代玉帶考〉，《中國隋唐至清代玉器學術研討會論文集》，上
海：上海古籍出版社，2002，頁 145。

　　此外；在唐代墓室壁畫、陶俑、金銀器皿紋飾上，亦可發現類似的動態構圖設計。例如：西安東郊蘇思勖墓室東壁胡人樂舞圖中，左端站立者右手置腰間、左手高舉，右端站立者則左手置腰間、右手高舉者，均作張嘴歌唱狀。〔註121〕這種就是結合樂者、歌者與舞者的表現方式（圖六十三）。

圖六十三、西安東郊蘇思勖墓室東壁胡人樂舞圖

圖片來源：冀東山，《神韻與輝煌——陝西歷史博物館國寶鑑
　　　　　賞——唐墓壁畫卷》，北京：三秦出版社，2006，
　　　　　頁211～212。

　　何家村窖藏出土的「鎏金伎樂八稜銀杯」上，亦出現樂伎、舞伎與侍者的動態構圖組合（圖六十四）。西安中堡村墓葬出土三彩載樂伎駱駝俑上之女「歌唱伎」，亦與駱駝上之男樂伎構成動態組合（圖六十五）。

〔註121〕賈嫚，《唐代長安樂舞研究——以西安地區出土文物樂舞圖像為中心》，北京：
　　　　中國社會科學出版社，2014，頁86。

圖六十四、何家村窖藏出土「鎏金伎樂八稜銀杯」上胡人樂舞圖像

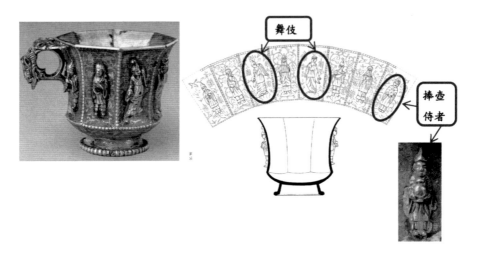

圖片來源：齊東方，〈何家村遺寶的埋藏地點和年代〉，陝西歷
史博物館，《花舞大唐村——何家村遺寶精粹》，北
京：文物出版社，2003，頁 80～85。

圖六十五、西安中堡村墓葬出土三彩載樂伎駱駝俑

圖片來源：陝西歷史博物館館藏精品 ttp://www.sxhm.com/
2016.06.28

　　在上述的動態組合構圖當中，「胡人獻寶紋」僅見出於玉製腰帶具上；「胡人獻寶」中胡人雙手捧物、雙膝跪地作獻寶狀，其卑躬屈膝納貢進獻的樣貌，更賦予了玉製腰帶具使用者，充足權威性的身分表徵，不僅營造出有別於墓室壁畫、陶俑、金銀器皿等紋飾之意涵，更具有明顯的階級性世俗取向。

唐代金銀器工藝與玉製腰帶具裝飾母題發展之問題探討

　　在探討玉製腰帶具的各種裝飾母題之中，唐代金銀工藝的高度發展實際上居中扮演重要的關鍵角色，必需要提出特別探討。中國在金銀器工藝發展當中，黃金基於其物理特性所展現亮麗耀眼的外觀，原本異於中國傳統比德於「玉」所標榜溫潤、潔白、沉穩之君子風範象徵，但是；其質地柔軟、延展性高且礦藏豐富的優勢，勝於美玉材料不易取得、琢製費時、磨耗後不可復原等原生的限制，也逐漸取得和美玉分庭抗禮的地位。

　　到了商周、春秋戰國時期，隨著青銅器冶的突飛猛進，正式助長了黃金製品工藝的發展，成為頗具重要特色的工藝傳統，其後如採礦、冶煉、錘鍛拔絲和失蠟鑄造法的出現，以及錯金、鎏金、嵌鑲等技術的流行，無不標誌黃金製品工藝的不斷進步和流行。〔註122〕兩漢時期則延續這種趨勢，並且在製造工藝上如：掐絲和焊綴金珠工藝等則更趨於成熟和精細。〔註123〕

　　李建緯師指出：大約在漢代近似西方風格的焊珠工藝，始於中國金器裝飾上茁壯發展。西漢焊珠工藝的特色通常是以數顆為一組，焊成一小三角立方體後再焊接於器表上；東漢焊珠則已從點或線的排列發展到面的經營，東漢金器器表裝飾上還充份結合了掐絲和焊珠工藝，並以掐絲隔出之範圍內填滿細金珠或綠松石等寶石，整體呈現色彩繽紛而具有強烈玩賞性，也不排除蘊含追求吉祥或辟邪思想的象徵；若自整個中國焊珠工藝發展史觀之，六朝以後至唐之間則最為盛行。〔註124〕其在進入南北朝及隋代更在玉器上融入金銀製作上錯金、鎏金、嵌鑲等工法，共構出諸多金、玉合體的精湛器物，北

〔註122〕安志敏、安家瑗，〈中國早期黃金製品的考古學研究〉，頁303。

〔註123〕齊東方認為至少在東漢時期中國焊綴金珠工藝已十分熟練，並創造出精細複雜的作品。齊東方，〈中國早期金銀器研究〉，頁79。

〔註124〕李建緯觀察東漢金器發現，部份器面之焊珠參差不齊，所遺留之空隙既多且排列不自然，顯見原本應是填滿金珠卻脫落所造成，其是否為焊錫的有力證據，尚待考古學家進一步檢測。李建緯，〈中外交流與品味變異之軌跡——中國早期黃金焊珠工藝初探〉，國立歷史博物館，《史物論壇》，第12期（2009），頁65～66。

周若干雲墓出土八環蹀躞玉帶、揚州市出土隋煬帝 13 環蹀躞玉帶等均為其特
出的適例。

　　唐代之後因為強盛的國威，除了吸引來自西方諸多外邦朝貢之外，更透
過陸、海絲路貿易開通後產生的巨大商機，進而促使金銀器物大量的輸入中
土並普及運用於唐代的上層社會，金、銀本身就具有市場通用貨幣的價值，
〔註125〕其所製成之飾品、器物又具有裝飾與彰顯擁有者自身社會經濟地位
之功能，因此；最受統治者及其建構的官僚體系所鍾愛。〔註126〕唐代前期
金銀器之生產原由中央政府控制和壟斷的局面發生鬆動，也間接開啟地方官
府及私營金銀器作坊出現的契機，金銀器的商品化使其功能更趨於實用化，
而質軟並極易為手工所打製的物理特性與紋樣風格的自由、隨意，充滿了濃
厚的民間實際生活氣息。〔註127〕

　　當金銀器愛好與使用的風潮啟動之後，上自帝王、權貴下至巨富、商賈，
在擁金銀自重的狀態下迅速帶動社會奢靡和臣屬競相阿諛奉承的風氣，帝王
喜以金銀犒勞和攏絡臣屬；〔註128〕下屬也競以金銀器進奉以謀特定功利；
〔註129〕帝王甚至以「私庫」的性質儲藏進奉的金銀器物；〔註130〕並大量運

〔註125〕關於唐代金、銀之價值散見於各種史料或小說中之記載中，金價：圓仁（日
　　　　本遣唐使之高僧、於唐文宗開成年間入唐求法）《入唐求法巡禮行記》計載：
　　　　「……開成三年……砂金（次生礦床尚未精煉）二大兩，於市頭令交易，市
　　　　頭秤定一大兩七錢，七錢准當大二分半，值九貫四百文……」。銀價：《太平
　　　　廣記・卷 165・廉儉・溫璉》：「……幽州從事溫璉與瀛王馮道幼相善。曾經
　　　　兵亂，有賣漆燈椀於市者，璉以為鐵，遂數買之，累日家人用燃膏蠋，因拂
　　　　拭乃知銀也。璉遂訪其賣而還之，別賣四五萬……」。王仲犖遺著，《金泥玉
　　　　屑叢考》，頁 122。

〔註126〕夏鼐曾指出中國早在漢朝及漢以前便有精美的青銅器和絲織品，但是當時的
　　　　金銀容器卻很少見，只有到了唐代才開始發達，這種發展可能是受到中亞薩
　　　　珊朝金銀器工藝的影響。夏鼐，〈近年中國出土的薩珊朝文物〉，《考古》，第
　　　　2 期（1978），頁 112。

〔註127〕齊東方，〈唐代金銀器研究〉（北京：中國社會科學出版社，1999），頁 4。

〔註128〕唐玄宗對於寵臣安祿山屢以恩賜金銀器物，安祿山生日時玄宗曾賜金花大銀
　　　　盤二、金花銀雙絲二、金鍍銀蓋椀二、金平脫酒海一、金平脫大盞四、次盞
　　　　四等等，所恩賜海陸諸物則皆以金銀盛之並賜焉。（唐）李德裕等編，〈安
　　　　祿山事蹟〉，頁 146～147。

〔註129〕盧兆薩根據新舊唐書之記載，發現地方官進奉金銀器的事例，早在高宗、武
　　　　則天時期即已有之；其後隨著經濟的發展和社會財富的增多，封建統治階級
　　　　享樂的慾望之膨脹，進奉之風因而迅速發展起來。盧兆薩，〈從考古發現唐代
　　　　的金銀進奉之風〉，《考古》，第 2 期（1983），頁 173～179。齊東方亦說明文

用金銀器物回贈周邊國家的朝貢或賞賜外域民族首領。〔註131〕這種風氣的盛行除了直接促使金銀器的製作和使用達到顛峰狀態，〔註132〕不僅程度性的衝擊、排擠、限縮了傳統玉器使用和發展的空間，也間接形成模仿金銀器製作的風氣，〔註133〕並且迅速在唐代墓葬文化之中衍生和擴展，墓葬中陪葬用的金銀器不計其數早已超越傳統的玉器，其奢侈厚葬之風甚至必需動用律令加以禁止。〔註134〕

　　唐代玉製腰帶具面對這種高度階級性世俗功利主義的衝擊，不能免俗的也必需進行改革以符合實際的情勢變遷，其在工法上利用黃金高度延展的物理特性，製作出涵括捶揲、鎏金、掐絲、金銀珠焊綴、鏤空、鉚接、鑲嵌等共構技術，外貌金碧輝煌的玉製腰帶具。陝西寶繳墓出土的「玉梁金筐寶鈿眞珠裝蹀躞帶」，就是這種在材質上屬於金、玉合體（以玉爲外部邊框並襯以金板）、工法上則集結捶揲、鎏金、金銀珠焊綴、鉚接、鑲嵌等技術的曠世作品，（圖六十六、六十七），迅速成爲帝王對於重大軍功者世俗性榮譽象徵的

　　　　　獻中記錄 9 世紀前半葉王播任淮南節度使期間有三次進奉金銀器，總計金銀器皿多達 5900 件。齊東方，〈唐代金銀器研究〉，頁 4。

〔註130〕尚民傑和程林泉曾研究「大盈」與「瓊林」兩庫的性質，從唐出土金院銀器數量呈現初唐較少、盛唐倍增而晚唐劇增現象，研判應與統治集團日益腐敗而官吏競相進奉有直接關係。尚民傑、程林泉，〈唐大盈與瓊林庫〉，《考古與文物》，第 6 期（2004），頁 81～85。

〔註131〕冉萬里依據《冊府元龜・外臣・襃義》之記載，統計對外以金帶、金鈿帶、銀帶等賞賜記載多達 33 次，其中尤以金帶最多。冉萬里，〈唐代金銀器社會角色的文化詮釋〉，頁 53。

〔註132〕齊東方研究指出：唐代金銀器興盛之原因除基於皇室喜好和進奉風氣之外，還包括：金銀從採礦、冶煉、徵收、作坊等完備的組織和制度；來自皇室作坊：掌冶署、金銀作坊院、文思院等巧匠的高超技藝，以及地方官府和私人作坊之成熟發展；崇尚、模仿外來物品及其後續的自製研發等諸多因素。齊東方，〈唐代金銀器研究〉，頁 4～5。

〔註133〕盧兆薩、古方探討唐代玉器走向世俗化、生活化的主要表現，其中模仿金銀器的玉石器皿，對於唐代玉器之發展開闢了新的途徑和創新的製作藝術。盧兆薩、古方，〈略論唐代仿金銀器的玉石器皿〉，《文物》，第 2 期（2004），頁 77。

〔註134〕爲消弭唐人奢侈厚葬之風，唐玄宗曾明令禁止，其中就包含金銀器物。《舊唐書・卷八・玄宗上》：「開元二年九月戊甲……自古帝王皆以厚葬爲戒，以其無益亡者，有損生業故也。……宜令所司據品高下，明爲節制：冥器等物，仍定色數及長短大小；園宅下帳，並宜禁絕；墳墓塋域，務遵簡儉；凡諸送終之具，並不得以金銀爲飾。如有違者，先決杖一百。州縣長官不能舉察，並貶授遠官。……」。楊家絡，《新較本舊唐書附索引一》，頁 174。

賞賜珍品。

圖六十六、陝西竇皦墓出土「玉梁　　圖六十七、陝西咸陽國際機場唐
　　金筐寶鈿真珠裝蹀躞　　　　　代賀若氏墓出土「雙
　　帶」之圓首矩形寶鈿銙　　　　　鵲戲荷紋金梳背」

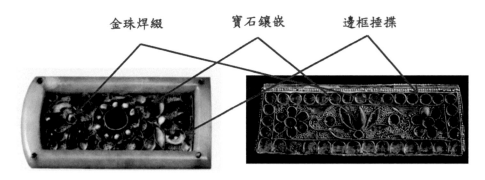

金珠焊綴　　　　寶石鑲嵌　　　　邊框捶撲

圖片來源：劉雲輝，《北周隋唐京畿玉　　　圖片來源：劉雲輝，《北周隋唐京畿
　　器》，重慶：重慶出版社，　　　　　玉器》，重慶：重慶出版
　　2000，圖版 21，T3。　　　　　　社，2000，圖版 21，T3。

小　結

　　本節所探討唐代玉製腰帶具上花卉、動物（獅紋）、胡人樂舞紋、其他人物紋等裝飾母題，改變了過往莊嚴肅穆和制式化的視覺布局，積極朝向源於自然、生活、清新、寫實的方向發展，工匠們更透過琢玉的巧思和技藝，在裝飾母題上間接賦予了生活寫實與藝術創作蓬勃的生機，其直接取自周遭事物在視覺上所形成的直觀樣態，拓展出更合乎世俗實際需求的鮮活布局，充足的反應當代政治、經濟、社會的穩定發展，以及人們在富足之下自由、閒適的生活情境。

　　在本文第三章第二節中，曾就唐代墓葬和窖藏出土腰帶具質地分類統計之數量，其結果呈現「玉」多於「金」的現象（金玉共構型 59 塊、純玉質 202 塊）；其充份說明在唐代的金銀工藝高度發展的狀態之下，玉製腰帶具雖然在形式及工法上，已經融入了金玉共構型的時代工藝格局，裝飾母題也採用符合當代中西合併式題材，但是；在實質上始終都沒有拋棄傳統「崇玉」的內涵和理念，並且將這種意念透過身分地位表徵的樣貌，置於「腰帶」上持續細心的維護與保留，這份悠遠傳承的記憶是其他材質或器物所無法完全抹滅

和取代的。〔註135〕

第三節　胡人樂舞裝飾母題之獨特意象

　　琴箏簫管和琵琶，興滿金樽酒量賒。歌舞留春春似海，美人顏
色正如花。〔註136〕

　　胡騰身是涼州兒，肌膚如玉鼻如錐。桐布輕衫前後卷，葡萄長
帶一邊垂。帳前跪作本音語，拾襟攪袖爲君舞。安西舊牧收淚看，
洛下詞人抄曲興。揚眉動目踏花氊，紅汗交流珠帽偏。醉卻東傾又
西倒，雙靴柔弱滿燈前。環行急蹴皆因節，反手叉腰如卻月。……

〔註137〕

　　前述兩首描寫唐代胡人樂、舞意象的詩句，其歡娛和律動的情境，似乎
在玉製腰帶具飾銙和鉈尾上不過方寸的空間裏盡情的揮灑和重現。〔註138〕這
種以樂舞裝飾母題表現在玉器上的獨特意象，在唐代以前僅見流行於戰國至
兩漢時期的玉舞人佩飾。

　　考古出土的玉舞人佩飾多出於女性貴族墓葬，其舞者皆以女性著長袖衣
狀，舞姿係以一手揚袖漫過頭頂呈飄逸狀、另一袖則下垂舞動長袖爲其特徵。
長袖舞以衣袖爲舞具，具有濃厚的漢族風格，係中國傳統舞蹈的代表；其流
行歷史約可上溯至春秋戰國時期，如《韓非子・五蠹》所稱：「長袖善舞、多
錢善賈」，此時長袖舞仍多爲社會上層階級所服務，到了漢代方成統治階層與

〔註135〕田倩平則透過碾製工藝上精心設計的角度切入，用以解釋唐代金、玉結盟型
　　　　腰帶具上所呈現的巧思，其認爲：其玉的微透光性包納了金閃耀的反射光芒，
　　　　顯然係經過玉工之精心設計，除了可以避免金玉爭輝的氣氛外，亦展現非單
　　　　純的挪用或依附，以自身的思考吸納彼方而爲己所用的思維和自信。田倩平，
　　　　《唐代玉器研究》，頁82～83。
〔註136〕（唐）唐彥謙，〈春日偶成〉，中國舞蹈藝術學研究會、舞蹈史研究組，《全唐
　　　　詩中的樂舞資料》，（北京：人民音樂出版社，1996），頁97。
〔註137〕（唐）李端詩〈胡騰兒〉，中國舞蹈藝術學研究會、舞蹈史研究組，《全唐詩
　　　　中的樂舞資料》，頁145。
〔註138〕一寸約爲3.33公分，唐代玉製腰帶具飾銙尺寸大多介於3至4公分，鉈尾則
　　　　介於4至5公分，如：陝西西安何家村窖藏出土碾獅紋白玉帶之方銙正面長
　　　　3.4公分、寬3.2公分，鉈尾正面長4.8公分、寬3.2公分。陝西西安丈八溝
　　　　窖藏出土碾伎樂紋白玉帶之方銙正面邊長3.3公分、鉈尾正面長4.7公分、寬
　　　　3.3公分。劉雲輝，《北周隋唐京畿玉器》，頁52～112，圖T61～T163。

下層庶民所通用之舞蹈形式。〔註139〕

　　玉舞人佩飾這種樂舞裝飾母題，雖類似於玉製腰帶具銙尾上所碾琢胡人樂舞姿；但其所展現者在形態、舞者性別、功能、身份表徵、工法均頗有差異（表九）。

表九、戰國至兩漢時期玉舞人佩飾與唐代胡人樂舞玉製腰帶具特徵比對表

玉飾名稱	形態	舞者性別	功能	身份表徵	工法	組合方式
玉舞人	以單人或雙人甩袖舞姿呈現，無配對伴奏之樂者	女性	衣物佩掛飾件	多出於女性貴族墓葬，〔註140〕但並未律定使用者身份品地之限制	玉舞人爲陰刻片雕或圓雕工法	單件
胡人樂舞	以舞者和配對樂者成套形態出現，除手部舞袖外並強調腿部的騰跳動作(銙尾)	男性	飾銙、銙尾等均爲腰帶所專用	多出於男性墓葬，〔註141〕使用者之身份品地律令有嚴格規定	胡人樂舞飾銙、銙尾則爲淺浮雕工法	套裝

　　胡人樂舞紋玉製腰帶具和玉舞人佩飾，兩者在生成的歷史背景部份，均流行於歷史大動亂時代的前、後期（前者係春秋戰國、後者則爲魏晉南北朝）、亦各自擁有開通西域疆土、貿易、民族融合、樂舞制度盛行〔註142〕等相似的特色。然而；唐代玉製腰帶具上選擇以胡人樂舞狀作爲裝飾母題，其所欲凸顯之訴求顯然不同於玉舞人佩飾所呈現歡娛的意象（圖六十八、六十九）。

〔註139〕賈嫚，《唐代長安樂舞研究——以西安地區出土文物樂舞圖像爲中心》（北京：中國社會科學出版社，2014），頁244～245。

〔註140〕西漢南越王墓中主棺室、西耳室、東側室，出土11件長袖舞姿之玉舞人佩飾。廣州西漢南越王墓博物館，《南越王墓玉器》，（廣州：南越王墓博物館，1991），頁47。

〔註141〕永泰公主墓出土玉梁帶部份構件（玉梁）。陝西省文物管理委員會，〈唐永泰公主墓發掘簡報〉，頁7～33。

〔註142〕西漢中央政府設有主管音樂的官署（樂府），廣採民間歌詩、音樂及舞蹈均十分發達，西漢後妃如高祖寵戚姬夫人除擅長鼓瑟、擊築之外，更擅於「翹袖折腰」之舞。盧兆薩，〈漢代貴族婦女喜愛的佩玉——玉舞人〉，《收藏家》，第3期（1996），頁7。

圖六十八、陝西西安三橋漢墓出土　　圖六十九、陝西省禮泉縣昭陵陵
　　　　玉舞人佩件　　　　　　　　　　園陪葬墓出土樂舞伎
　　　　　　　　　　　　　　　　　　　　鉈尾拓本

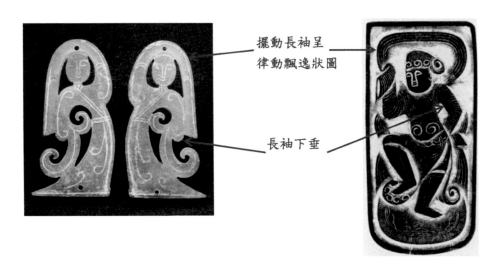

擺動長袖呈
律動飄逸狀圖

長袖下垂

圖片來源：中國玉器全集編輯委員會　　圖片來源：劉雲輝，《北周隋唐京畿
　　　　編，《中國玉器全集——秦　　　　　玉器》，重慶：重慶出版
　　　　漢》，河北：河北美術出版　　　　　社，2000，圖版 51，T61。
　　　　社，1993。圖 228

　　對於唐代胡人樂舞母題這種獨特意象，其可能內蘊意義現試爲探究如下：

一、胡風盛行與西域樂舞的輸入

　　「胡」與「漢」原是一種族群自我認同記憶下所產生對應的代名詞，係自古居處於中原地區的「漢」民族，對於來自北方和西方等，非我族類的人種即通稱其爲「胡」，因此；不論是先秦時期北方的匈奴；漢晉時期北方和西方的匈奴、氐、鮮卑、羌、羯；隋唐時期伴隨絲路貿易開通遠道西來，非屬中國境內「深目高鼻」的異族如中亞粟特人等，均被歸類於「胡」的範疇。〔註143〕

　　唐代對於這種「胡」「漢」關係的處理，向來採取自由、開放、容忍和接

〔註143〕侯世新，〈胡人的變遷及其對東西文化交流的促進〉，《文博》，第 3 期（2010），
　　　　頁 9～10。

納的積極態度，終於建構出所謂「萬國衣冠拜冕旒」的恢宏國勢。榮新江曾撰文讚許盛唐氣象的造就，一方面必需歸功於運用折衷主義（eclecticism），將前此四百年混亂的中國歷史上所發生各種文化進行整合和統一；另一方面則採用世界主義（cosmopolitanism），將各種各樣的外來影響進行予以兼收與並蓄。〔註144〕

在上述「世界主義」的引領之下，透過貿易、求法、朝貢等等目的進入中土的胡人，在數量和人種上相當的複雜和龐大，學者曾統計 8 世紀前半期（中唐時期），單在京畿長安地區幾近百萬人口之中，外籍人士就約有 5 萬餘人。〔註145〕另在唐代出土墓室壁畫中，似可約略將當時之胡人區分為：蕃將與文職官員、使臣或朝貢者、胡商、宗教人士、譯語人、胡人馬伕、胡人駝伕、樂手歌者和舞者、胡人御手（車伕）、侍從或奴僕、馴獸（禽）師和其他（如：工匠）等 12 種。〔註146〕

當胡人大量進入唐代社會的各種階層並且互動頻繁之後，其不同於中土傳統禮制的奇風異俗，無法避免的會對唐人的生活習性造成全面性的衝擊，只是唐人總以一種文化包容的「納異心態」不吝的接受；《舊唐書·志二十五·輿服》就此胡風盛行的盛況有忠實的記載：

> ……開元（713）初，從駕宮人騎馬者，皆著胡帽，靚粧露面，無復障蔽……奚車，契丹塞外用之，開元、天寶（742）中漸至京城。兜籠，巴蜀婦人所用，今乾元（758）已來，蕃將多著勳於朝，兜籠易於擔負，京城奚車、兜籠，代於車輿矣。……開元來……太常樂尚胡曲，貴人禦饌，盡供胡食，士女皆竟衣胡服……〔註147〕

在上述「胡化」影響的諸多旋風當中，西域樂舞憑藉自身的高超技藝和獨特的藝術魅力，營造出節奏明快、變化多端、舞姿健美、風格嫵媚，時而婉約婀娜，時而奔放明快，使人目不暇的異域風格，並迅速為傳統文化積澱深厚、結構穩固的中原所吸收和接納；〔註148〕這其中尤以唐代多位深諳樂理帝王的推波助瀾堪稱居功厥偉。

〔註144〕榮新江，《隋唐長安：性別、記憶及其他》，頁 12。

〔註145〕張天虹，〈再論唐代長安人口的數量問題──兼評近 15 年來有關唐長安人口研究〉，《唐都學刊》，第 24 卷第 3 期（2008 年 5 月），頁 11。

〔註146〕楊瑾，〈唐墓壁畫中的胡人形象〉，《文博》，第 3 期（2011），頁 35～40。

〔註147〕楊家駱，《新校本舊唐書附索引三》，頁 1957～1958。

〔註148〕徐英，〈西域樂舞東漸的歷史條件──民族藝術研究的一種史學視角〉，《內蒙古大學藝術學院學報》，第 1 卷第 1 期（2004 年 9 月），頁 44。

二、帝王樂舞偏好的推動和發展

　　西域音樂實際上係由南北朝時期即已開始傳入中國，到了唐朝除本土的雅樂、俗樂外，加入了胡樂（即西域音樂，係以藝術和娛樂爲對象之音樂）發展成爲雅樂、俗樂和胡樂三足鼎立的局面。〔註149〕《唐會要・卷三十三・雅樂下》記載：

> 　　……武德初，未暇改作，每讌享，因隋舊制，奏九部樂，一讌樂、二清商、三西涼、四扶南、五高麗、六龜茲、七安國、八疏勒、九康國。至貞觀十六年十二月，宴百寮，奏十部樂，先是，伐高昌，收其樂付太常，乃增九部爲十部伎。……〔註150〕

　　在上數諸多樂曲中除讌樂、和清商樂之外均爲胡樂。玄宗時期復將唐初的十部伎與唐初以後集結「新燕饗」「雅樂曲」的二部伎，以及太常寺四部樂等均隸屬於太常寺管轄。玄宗開元二年（714），宮外成立左右教坊，接管大部份胡樂及俗樂，宮內亦挑選優良之教坊樂伎即太常寺樂工，集中於梨園以學習玄宗喜愛之法曲（融合當時胡樂、俗樂的流行曲）。〔註151〕玄宗復將二部伎分爲「堂下立奏」的立部伎和「堂上坐奏」的坐部伎兩種，並由太常寺審閱坐部，不可教者隸立部，又不可教者，乃習雅樂以爲程度之分類。〔註152〕

　　唐代的多位帝王均深諳樂理並頗有建樹，《舊唐書》中曾羅列歷代帝王的樂舞貢獻如：立部伎八部中的「破陣樂」「慶善樂」（皆太宗所作）、「上元樂」（高宗所作）、「長壽樂」（武后所作）、「光聖樂」（玄宗所作）。上述樂曲均配以舞蹈，自破陣舞以下，皆雷大鼓，雜以龜茲之樂，唯慶善舞獨用西涼樂。坐部伎六部中的「長壽樂」「天授樂」「鳥歌萬歲樂」（皆武后所作）、「龍池樂」「破陣樂」（皆玄宗所作）」上述樂曲亦均配以舞蹈且自長壽樂已下皆用龜茲樂。〔註153〕

　　其中又以玄宗樂曲造詣最高，《新唐書・卷二十二・志第十二・禮樂十二》記載：

〔註149〕（日）岸邊成雄著、梁在平、黃志烱譯，《唐代音樂史的研究》（臺北：台灣中華書局出版，1973），頁2。
〔註150〕（宋）王溥，《唐會要》，頁609。
〔註151〕（日）岸邊成雄著、梁在平、黃志烱譯，《唐代音樂史的研究》，頁3。
〔註152〕（宋）歐陽修、王祁，《新唐書》，頁475。
〔註153〕史料出於《舊唐書・志第九・音樂二》。楊家絡，《新較本舊唐書附索引二》，頁1059～1062。

> ……玄宗旣知音律，又酷愛法曲，選坐部伎子弟三百教於梨
> 園，聲有誤者，帝必覺而正之，號『皇帝梨園弟子』……帝又好羯
> 鼓，而寧王善吹橫笛，達官大臣慕之，皆喜言音律。帝常稱：『羯鼓，
> 八音之領袖，諸樂不可方也。

> ……開元二十四年（726），升胡部於堂上。而天寶樂曲，皆以
> 邊地名，若涼州、伊州、甘州之類。後又詔道調、法曲與胡部新聲
> 合作。……〔註154〕

　　玄宗身邊又有擅長「胡旋舞」的寵妃楊太眞、寵臣蕃將安祿山等，中宗
和玄宗時期亦曾敕令五品以上官員可在私宅蓄養女樂伎；〔註155〕透過帝王對
於胡人樂舞的迷戀，進而引起權貴階級的爭相倣效，逐漸形成一種君臣共樂、
上行下效的趨勢，唐代詩人元稹在樂府詩《法曲》中，眞切反應了廟堂盛行
胡風樂舞所引起的倣效風潮：

> ……明皇度曲多新態，宛轉侵淫易沉著。赤白桃李取花名，霓
> 裳羽衣號天落。雅弄雖云已變亂，夷音未得相參錯。自從胡騎起煙
> 塵，毛毳腥膻滿鹹洛。女爲胡婦學胡妝，伎進胡音務胡樂。火鳳聲
> 沉多咽絕，春鶯囀罷長蕭索。胡音胡騎與胡妝，五十年來競紛泊。
> 〔註156〕

　　事實上在中宗復位（神龍元年、705）時，即有並州清源縣尉呂元泰上疏
力諫過度國家過於「胡化」的弊端：

> ……比見都邑城市，相率爲渾脫，駿馬胡服，名爲蘇莫遮，旗
> 鼓相當，軍陣之勢也，騰逐喧譟，戰爭之象也，錦繡誇競，害女工
> 也，徵斂貧弱，傷政體也，胡服相效，非雅樂也，渾脫爲號，非美
> 名也，安可以禮儀之朝，法戎虜之俗，軍陣之勢，列庭闕之下，竊
> 見諸王，亦有此好，自家刑國。，豈若是也。……〔註157〕

〔註154〕（宋）歐陽修、王祁，《新唐書》，頁476～477。
〔註155〕《唐會要・三四・論樂》記載：「……神龍二年（706）九月敕：三品以上，
　　　　聽有女樂一部，五品以上，女樂不過三人，皆不得有鐘磬樂師。……天寶十
　　　　載（751）九月二日敕：「五品以上正員清官諸道節度使及太守等，並聽家蓄
　　　　絲竹，以展歡娛。行樂盛時，覃及中外。……」由此可見：唐代五品以上之
　　　　官員係可私蓄樂伎以展歡娛。（宋）王溥，《唐會要》，頁628～630。
〔註156〕楊家駱，《元白詩箋證稿第五集——元氏長慶詩集》（臺北：世界書局出版，
　　　　1975），頁4617。
〔註157〕史料出於《唐會要・卷三十四・論樂》，（宋）王溥，《唐會要》，頁626。

　　但是這種建言並沒有獲得帝王適當之回應。玄宗先天元年（712）正月，其皇太子亦曾酖於妓樂，吏部員外郎賈復就此上書勸諫：

　　　　……殿下監撫餘閒，宴私多豫，後庭妓樂，古或有之。至於所
　　　　司教習。彰示群僚。謾伎淫聲，實虧睿化，伏願下教令，發德音，
　　　　屏倡優，敦雅頌，率更女樂，並令禁斷，諸使采召，一切皆停。……

　　上述臣屬的勸諫卻遲至開元二年（715）八月，玄宗方下定決心正式下敕禁斷女樂：

　　　　……自有隋頹靡。庶政凋弊。征聲遍於鄭衛。衒色矜于燕趙。
　　　　廣場角抵。長袖從風。聚而觀之。寖以成俗。此所以戎王奪志。夫
　　　　子遂行也。朕方大變澆訛。用除災蠹。眷茲技樂。事切驕淫。傷風
　　　　害政。莫斯甚。既違令式。尤宜禁斷。……〔註158〕

　　然玄宗到了執政後期卻又開始放縱自己的情感並沉溺於個人興趣，《舊唐書・本紀論》中對於玄宗執政前期宴樂之記載只有開元二年（715）、開元三年（716）和開元十一年（724）等三次；可是從開元十七年（730）以後到「安史之亂」前，關於宴樂的記載卻達十多次；〔註159〕由此可見唐代帝王對樂舞的特別偏好，竟然足以主宰一個國家的興衰和存亡。

　　以此狀況比對本文統計唐代玉製腰帶具出土地區分佈的結果，顯示關中長安京畿地區係出土最為密集的地區（總計墓葬、窖藏出土14處、長安京畿地區就佔8處）；總計50塊墓葬和窖藏出土的胡人樂舞飾銙（墓葬5塊、窖藏45塊）中，僅有1塊出土於安徽省合肥市糧校工地，其它49塊均分布於長安京畿地區8處的墓葬和窖藏，顯然長安京畿帝王權貴所聚居之地，就是胡人樂舞紋玉製腰帶具出土的重心；而帝王欽點胡人樂舞紋作為三品以上官員玉帶上之裝飾母題，確實具有其關鍵性意圖和令人欷噓的發展結果。

　　英國羅森教授曾以：「這些異國的僕人與樂者，如同神的僕人」〔註160〕、「刻畫在玉牌飾上的樂師和伎人，可能就是讓人想起她（道教西王母）的國度」〔註161〕等宗教性觀點，推論唐代胡人樂舞裝飾母題盛行的可能成因；只

〔註158〕史料出於《唐會要・卷三十四・論樂》，（宋）王溥，《唐會要》，頁627。
〔註159〕趙小華，〈唐玄宗時期的音樂與政治關係芻論〉，《華南師範大學學報──社會
　　　　科學版》，第3期（2010），頁97～103。
〔註160〕Jessica Rawson, "Ornaments Tang To Qing Dynasty,7th～18Th Century
　　　　AD" ,PP.321-348.
〔註161〕羅森（Jessica Rawson）著孫心菲等譯，《中國古代的藝術與文化》，頁227。

是目前實務上唐代並沒有出土「玉」製的道教法器或牌飾，〔註162〕漢末至魏晉南北朝時期的道教雖有「食玉」之風，但至隋唐以後則逐漸衰退而並改以「金丹」爲主，「玉」僅在文獻上出現作爲煉丹藥引之記載，學者並推論「食玉」之風的衰退可能與服食後產生不良副作用有關。〔註163〕

若以唐代盛行的另一種宗教「佛教」觀之，在唐代墓室壁畫、石窟壁畫（圖七十）、銅鏡、金飾（圖七十一）等器物上，雖屢屢呈現同羅森教授所言象徵天國樂舞笙歌狀的女子「飛天伎樂」圖象，傳世的玉製「飛天」雕件（圖七十二），〔註164〕亦呈女子橫身側面、裸上身、跣足、身披飄帶，體態輕盈作樂舞狀，但此等意象均異於玉製腰帶具上卷髮、高目、深鼻，男性胡人樂舞獨特的裝飾母題；就此觀之羅森教授所推論之「宗教」影響因素，似尚待更多史料或出土文物之印證。而胡人樂舞意象會雀屏中選，成爲多數三品以上高官玉製腰帶具之裝飾母題，本文認爲顯然與統治階層之偏好具有絕對的因果關係。

圖七十、敦煌莫高窟壁畫飛天局部圖

圖片來源：許俊昌主編，《敦煌壁畫分類作品選・人物卷・下》，
南昌：江西美術出版社，2010，頁32。

〔註162〕何家村窖藏曾出土一整套金、銀的道教煉丹器具，如貯藏、盛放藥物用的銀罐、金盒、銀盒、銀鼎，煎藥用的銀鍋、金鐺、金銚，煉丹用的銀石榴罐，服藥的銀杯、銀碗、銀壺，裝藥用的銀盒，其中雖然包括玉製的玉杵、玉臼，但僅係搗藥用器具。田衛麗，〈淺談何家村出土醫藥文物與唐代道教外丹術的發展〉，《文博》，第3期（2015），頁44。

〔註163〕呂建昌，〈論歷史上的食玉之風〉，《學術月刊》，第2期（2004），頁68～69。

〔註164〕「飛天」屬於佛教中佛陀八部侍從，即乾闥婆（天歌神）、緊那羅（天樂神），東漢末年隨佛教傳入中國，被當成吉祥、賜福的神仙象徵。張澤瑩，〈淺談歷代玉雕飛天的分期與特點〉，《文物春秋》，第6期（2000），頁57。

圖七十一、揚州博物館館藏 1983 年出土唐代「伎樂飛天金櫛」

圖片來源：揚州博物館 http://www.yzmuseum.com/2016.03.22

圖七十二、北京故宮博物院院藏傳世「玉飛天」雕件

圖片來源：中國玉器全集編輯委員會編，《中國玉器全集——秦漢》，河北：河北美術出版社，1993，圖 3。

在唐代的服飾時尚中，社會角色的標誌性極強，服飾以其外在直觀的特性，強化了人們在社會中所分別承擔的性別角色、社會地位、職業高低以及所分屬的政治派別等，〔註 165〕而相關的配飾當然也直接承襲這種社會性的功能和需求。

觀察唐代金銀飾品的裝飾特色，主要是以頭部為裝飾重點，特別是女性因為崇尚豐碩的表徵，逐以厚髮增加視覺上之平衡感，並使用各種簪佩的髮

───────────────

〔註 165〕納春英，《唐代服飾時尚》（北京：中國社會科學出版社，2009），頁 2。

飾，吸引觀者的目光集中於頭部，進而透過這些金銀佩件的珍貴和光耀性，展露其不同凡響高貴的社會地位；男性在服飾上的展現則較單一和固定，並喜以腰帶飾和頂部冕飾作爲社會身分階級表徵之器。〔註166〕

　　同樣就上述金銀飾品在身體上所呈現的社會功能，據以檢視金玉共構型腰帶具確實具有相同表彰的功效；但若據以檢視純玉質腰帶具不過「方寸」之體積和外觀溫潤瑩白的物理特性，則上述的「裝飾」效果以及對於「觀者」直觀上所造成的視覺衝擊似嫌薄弱。就此；玉製腰帶具所欲展現的應是一種「內蘊」的象徵而非「外顯」裝飾的社會性。

　　若依本文所推論玉帶上之胡人樂舞裝飾母題，原係帝王對於樂舞偏好所操弄，則當眾多三品重臣均佩戴碾製胡人樂舞之玉帶，上朝面聖或議論朝政之際；一種象徵集結龐大樂舞體系的樂團（BAND）氛圍，似已悄然應運而生並環繞於諸多身歷其境當事人的周遭，或許這也正是唐代帝王在胡人樂舞裝飾母題玉帶上，所刻意營造和附加的弦外之音。〔註167〕

〔註166〕李建緯，〈唐代金銀飾品研究：以性別與裝飾功能爲中心〉，《史物論壇第十六期》，第 6 期（2013），頁 63～64。

〔註167〕《舊唐書・卷九十五・列傳第四十五・睿宗諸子・讓皇帝憲》記載：「……初，玄宗兄弟聖曆出閣，列第於東都積善坊，五人分院同居，號「五王宅」。大足元年，從幸西京，賜宅於興慶坊，亦號「五王宅」。及先天之後，興慶是龍潛舊邸，因以爲宮。憲於勝業東南角賜宅，申王撝、岐王範於安興坊東南賜宅，薛王業於勝業西北角賜宅，邸第相望，環於宮側。玄宗於興慶宮西南置樓，西面題曰花萼相輝之樓，南面題曰勤政務本之樓。玄宗時登樓，聞諸王音樂之聲，咸召登樓同榻宴謔，或便幸其第，賜金分帛，厚其歡賞。諸王每日於側門朝見，歸宅之後，即奏樂縱飲，擊毬鬥雞，或近郊從禽，或別墅追賞，不絕於歲月矣。……」此種帝王與諸王以邸第相望、環繞宮側、奏樂縱飲的刻意安排，似已有本文推論之跡。楊家絡，《新較本舊唐書附索引四》，頁3011。

第伍章　傳播與影響

　　西元 618 年太原留守李淵自其所立傀儡隋恭帝楊侑手中接掌政權，結束了楊氏短暫 37 年的統治權（581～618）。289 年之後（618～907）李氏政權又重蹈隋代逸樂亡國的覆轍，唐昭宗天祐元年（904）八月，朱全忠殺昭宗並立柷為皇帝，哀帝天佑四年（907 年）哀帝禪位於朱全忠，正式宣告大唐帝國的覆滅。朱全忠篡唐之後建立「後梁」（907），原本統一的中國又再度進入北方中原地區「五代」（後梁、後唐、後晉、後漢、後周）、和位居南方的十國（吳、前蜀、楚、吳越、閩、南漢、荊南、後蜀、南唐，僅有北漢位處北方太原地區）等政局分裂割據的態勢。

　　中國歷來朝代的更迭雖然必定造成國家的大幅動亂，但是藝術、工藝等文化的傳播並沒有因此而消散，例如：魏晉南北朝的動亂促成具有機動實用性的蹀躞帶，進入中土迅速取代了原有束腰用的帶鉤；而唐代統一中原之後積極將「玉」的元素加入蹀躞帶進行改良，形成蹀躞玉帶、金玉帶等不同材質和功能性之組合，甚至是純粹玉質帶具的形制，並附帶再賦予身分階級的識別性。唐代覆滅之後這種玉製腰帶具上身分階級的對應關係，伴隨著玉器工藝亦持續對於後繼的王朝發生深遠的影響，只是在這種傳播與影響的過程當中，各個朝代對於玉製腰帶具使用的身分階級限制規定略有差異。

第一節　遼代（916～1125）

　　這個中國歷史上以契丹族為主體而原臣屬於唐代的王朝，除帝王專用性的玉製腰帶具之外，復以國籍（北班國制、南班漢制）與身分階級作為文武

官員使用的分界。《遼史・卷四十五・志第十五・百官志一》記載：

> ……至於太宗（927～947），兼制中國，官分南、北，以國制
> 治契丹，以漢制待漢人。國制簡樸，漢制則沿名之風固存也。遼國
> 官制，分北、院。北面治宮帳、部族、屬國之政，南面治漢人州縣、
> 租賦、軍馬之事。因俗而治，得其宜矣。……〔註1〕

另《遼史・卷五十六・志第二十五・儀衛志二・國服》記載：

> ……皇帝服實裡薛袞冠，絡縫紅袍，垂飾犀玉帶錯，絡縫鞾，
> 謂之國服袞冕。太宗更以錦袍、金帶。……臣僚戴氈冠，金花為飾……
> 服紫窄袍，繫鞊鞢帶，以黃紅色絛裏革為之，用金玉、水晶、靛石
> 綴飾，謂之『盤紫』。太宗更以錦袍、金帶。會同元年（938），群臣
> 高年有爵秩者，皆賜之……〔註2〕

《遼史・卷五十六・志第二十五・儀衛志二・漢服》復記載：

> 公服……勘箭儀，閤使公服，繫履。遼國嘗用公服矣。皇帝翼
> 善冠，朔視朝用之。柘黃袍，九環帶，白練裙襦，六合鞾。……常
> 服：遼國謂之『穿執』。起居禮，臣僚穿執。言穿鞾、執笏也。皇帝
> 柘黃袍衫，折上頭巾，九環帶，六合鞾……五品以上，襆頭，亦曰
> 折上巾，紫袍，牙笏，金玉帶。……六品以下，襆頭，緋衣，木笏，
> 銀帶，……八品九品，襆頭，綠袍，鍮石帶……〔註3〕

在上述「北班國制」中顯然遼人並非以「玉帶」而係「金帶」作為最高
身分規格之腰帶具，亦常以「金帶」作為犒勞臣屬的工具。至於「南班漢制」
中除帝王專用之「九環帶」（玉帶？）以外，則「金玉帶」係為「五品」以上
漢人官員佩用之最高規格腰帶，其規定類似於唐代各類史料中，多以「金玉
帶」作為至少「三品以上」文武官員常服配備飾物之狀態，只是唐代以「十
二銙」為上限，遼代則未見「銙數」限制的規定。

但檢視遼代出土玉帶的墓葬，〔註4〕唯有遼寧趙匡禹墓係屬遼代契丹貴

〔註1〕　（元）脫脫等撰，《遼史》，頁685。
〔註2〕　（元）脫脫等撰，《遼史》，頁905～906。
〔註3〕　（元）脫脫等撰，《遼史》，頁907～910。
〔註4〕　學者目前對於遼代目前墓葬、窖藏出土蹀躞玉帶的統計略有差異，本文試為
　　　　歸納：內蒙古阿魯科爾沁旗耶律羽之墓、遼寧阜新海力板遼墓、內蒙古哲裡
　　　　木盟奈曼旗陳國公主墓、遼寧義縣清河門4號遼墓、內蒙古翁牛特旗解放營
　　　　子遼墓、內蒙古哲裡木盟科左中旗小努日木遼墓、內蒙古巴林右旗白音漢窖
　　　　藏、內蒙古赤峰市阿魯科爾沁旗罕蘇木前後嘎查窖藏等。吳沫，〈遼代玉蹀

族中之漢人，[註5] 其餘均爲契丹公主或貴族階層，例如：耶律羽之本爲契丹皇族成員及大遼丹東國（原渤海國）左相、耶律延寧亦爲契丹貴族貴族。另從解放營子遼墓（墓主身份不明）中出土之銀器[註6]、小努日木遼墓（墓主身份不明）中出土金、銀、玉帶飾、絲織品等狀況，亦可證實墓主仍係遼代的契丹貴族。[註7] 唯一具有「金玉帶」性質的「玉銙絲鞓蹀躞帶具」（包含：鑲玉鎏金銅帶扣、鎏金小銅帶扣、鎏金倒懸葫蘆形銅帶飾、鏤孔束腰型鎏金銅帶扣飾等，應屬金玉帶類型。）及玉銙銀帶（含14件玉方銙、1件桃形玉銙、1件圭形玉鉈尾）等，則均出土於陳國公主墓（圖七十三、七十四）。[註8] 爲何這些公主和契丹貴族墓中均出土非屬「南班漢制」中，只有漢人依官等方可擁有的階級代表器物呢？究其原因是否不排除或如唐代慣例係由遼代帝王賞賜之可能性。[註9]

蹀帶的特徵分析及其文化探源〉，《赤峰學院學報——漢文哲學社會科學版》，第34卷第7期（2013），頁13～18。遼寧省朝陽市遼代貴族耶律延寧墓、遼寧省朝陽市遼代貴族趙匡禹墓葬等。王斌，〈遼代玉帶初步研究〉，《滄桑》，第1期（2009），頁19～21。另本文復於相關考古報告中尋得2則墓葬出土玉帶之資料：内蒙扎魯特旗出土玉帶飾13塊。吳雅琴、李鐵軍，〈扎魯特旗出土遼代器物〉，《内蒙古文物考古》，第2期（2001），頁96～97。張家窯林場遼墓出土青玉長方形帶銙6件、青玉心形帶銙1件。王允軍，〈遼寧省康平縣遼墓發掘簡報〉，《考古與文物》，第4期（2010），頁71～74。

〔註5〕鄧寶學、孫國平、李宇峰，〈遼寧朝陽遼趙氏族墓〉，《文物》，第9期（1983），頁30～38。

〔註6〕翁牛特旗文化館、昭烏達盟文物工作站，〈内蒙古解放營子遼墓發掘簡報〉，《考古》，第4期（1979），頁330～334。

〔註7〕吳亞芹、王瑞青，〈内蒙古科左中旗小努日木遼墓〉，《北方文物》，第3期（2004），頁32～35。

〔註8〕内蒙古自治區文物考古研究所等編，〈遼陳國公主墓〉（北京：文物出版社，1993），頁74～75。

〔註9〕《遼史·卷九十六·列傳第二十六·蕭韓家奴》記載：「……蕭韓家奴，字括寧，……太平中，補祗候郎君，累遷敦睦宮使。伐夏，爲左翼都監，遷北面林牙。俄爲南院副部署，賜玉帶……」（元）脫脫等撰，《遼史》（臺北：洪氏出版社，1974），頁1275。

圖七十三、七十四、遼陳國公主墓出土「玉銙絲鞓蹀躞帶具」

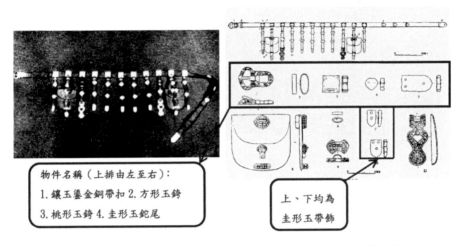

物件名稱（上排由左至右）：
1.鑲玉鎏金銅帶扣 2.方形玉銙
3.桃形玉銙 4.圭形玉鉈尾

上、下均為
圭形玉帶飾

圖片來源：內蒙古自治區文物考古研究所、哲里木盟博物館，
《遼陳國公主墓》，北京：文物出版社，1993，圖
版19、頁76。

其次在內蒙古敖漢旗薩力巴鄉一座被盜擾的遼代早期墓葬中，文物單位曾追回原由墓中出土的部份胡人伎樂紋玉帶板（由1塊鉈尾及8塊方銙組成）。〔註10〕該玉帶板上之樂舞伎顯然均為卷髮、深目、高鼻、長鬚、身穿胡服、足蹬長靴之男性胡人，而8塊方銙上之樂舞伎均為坐姿，並分別作吹、拍、彈、擊樂器及飲酒狀，鉈尾正面碾琢兩人，一人為主體舞者作樂舞狀，其右下角為一半跪、手捧淺盤、內置寶珠作獻寶狀之胡人。

檢視其線刻與減地浮雕工法所形塑的裝飾母題，學者認為應與西安何家村唐代窖藏出土的胡人樂舞紋玉帶具如出一轍，並從史料上說明契丹早期的手工業以金銀器、陶瓷、木器為主，玉器發展相對滯後，且在考古發現契丹建國前後的貴族墓中，亦以金銀器物為重，僅有少量之玉製品，此組玉帶碾琢非常精細，非遼代早期所能製作，很可能是來自於唐代的傳世品。〔註11〕

實際比對內蒙古敖漢旗薩力巴鄉遼墓與唐代西安丈八溝窖藏出土玉製腰帶，其飾銙及鉈尾碾琢之紋飾，均由細密淺短的陰線紋構成，兩者具有極高

〔註10〕呂富華，〈遼代胡人樂舞紋玉帶及相關問題探討〉，《東北師大學報——哲學社會科學版》，第1期（2015），頁177～181。
〔註11〕呂富華，〈遼代胡人樂舞紋玉帶及相關問題探討〉，頁177～181。

的相似性。碾製上則唐代丈八溝窖藏玉帶，係採斜刀下壓、剔地隱起之工法，其所形成的立體效果相當明顯；而遼墓出土之玉帶，由於特別強調其整齊、突出的陰刻線條，似導致其立體效果較為薄弱。另唐代玉帶之鉈尾紋飾僅出現單人樂舞狀，不曾出土如遼代的雙人紋飾。就此綜觀遼墓出土之玉帶，由細密淺短陰線紋建構的胡人樂舞裝飾母題與唐代相仿，雖然在碾製效果的表現上不若唐代立體、圓潤，但承襲自大唐的風格似相當明確（圖七十五、七十六）。

圖七十五、西安丈八溝出土胡人伎　　圖七十六、內蒙古敖漢旗出土胡
　　　　　樂紋玉帶板拓片　　　　　　　　　　人伎樂紋玉帶板拓片

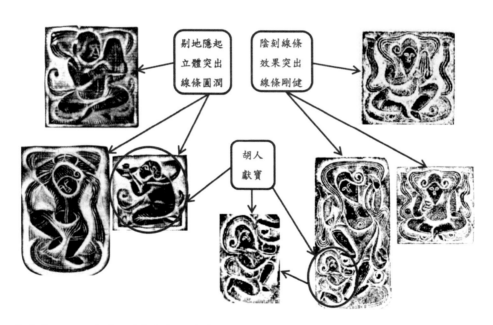

圖片來源：呂富華，〈遼代胡人樂舞紋玉　　圖片來源：劉雲輝，《北周隋唐京畿玉
　　　　　帶及相關問題探討〉，《東北　　　　　　　　器》，重慶：重慶出版社，
　　　　　師大學報——哲學社會科學　　　　　　　2000，圖 T72、T77、T75。
　　　　　版》，2015 年第 1 期，頁 177
　　　　　～181。

　　此外遼代墓葬中所出土數量不多的玉製腰帶多為光素無紋（此與本文統計唐代碾琢紋飾飾塊多於光素無紋之情況相同）、無銙數限制；但其汲取漢文化以外其他諸多外來文化，所形塑的獨特山字形古眼、倒懸葫蘆形帶飾、偏

角團型銙、曲柄形飾等，這些顯然不同於唐代工法、布局之新穎設計，〔註12〕當屬於創新時代風格的具體表現。

第二節　宋代（北、南二宋 960～1279）

　　宋代則非三品、四品以上官員不得使用玉帶、金帶，且金帶除皇帝「恩賜外」禁止仿傚使用，其身分階級的限制性亦相當明顯。〔註13〕目前江西上饒市郊墓葬所出土唯一的人物紋玉帶具，〔註14〕其共計玉帶牌九件當中除一件係光素無紋的桃形飾銙外，其餘均碾製以身穿方領大袖長袍之儒者（高士）狀人物紋，且均呈盤腿坐姿或操弄樂器或飲酒談話情境。鉈尾則為一長髯老者手執燭火（麈尾），作直立行狀。宋代文人喜與道士交往、帝王也經常召見道士，形成了一種特殊的社會現象。

　　宋代道士多善琴，歐陽修作《贈無為軍李道士二首》雲：「無為道士三尺琴，中有萬古無窮音。音如石上瀉流水，瀉之不竭由源深。彈雖在指聲在意，聽不以耳而以心。心意既得形骸忘，不覺天地白日愁雲陰。……」，〔註15〕此副玉帶具之裝飾母題或為描寫宋代文人與道士詠詩暢樂之狀（圖七十七、七十八）。〔註16〕

〔註12〕吳沫，〈遼代玉蹀躞帶的特徵分析及其文化探源〉，《赤峰學院學報——漢文哲學社會科學版》，第 34 卷第 7 期（2013），頁 13～18。

〔註13〕《宋史·卷一百五十三·志第一百〇六·輿服五》記載：「太宗太平國興七年正月（983），翰林學士承旨李昉等奏曰：『奉詔詳定車服制度，請從三品以上服玉帶，四品以上服金帶……』，景德（真宗）三年（1007），詔通犀、金、玉帶，除官品合服及恩賜外，餘人不得服用。大中（真宗）祥符五年（1013），詔曰：『方圓金帶，優寵輔臣，今文武庶官及伎術之流，率以金銀放效，甚紊彝制。自今除恩賜外，悉禁之。』端拱（太宗）中，詔作瑞草地毬路文方圓胯帶，副以金魚，賜中書、樞密院文臣……」。（元）脫脫等撰，《宋史》，（臺北：洪氏出版社，1974），頁 3565～3566。

〔註14〕陳柏泉，〈上饒發現雕刻人物的玉牌飾〉，《文物》，第 2 期（1964），頁 67～68。

〔註15〕張振謙，〈宋代文人與道士交往的方式與原因〉，《貴州大學學報——社會科學版》，第 28 卷第 4 期（2010 年 7 月），頁 108～112。

〔註16〕楊伯達認為宋代趙仲湮墓出土人物紋玉帶具鉈尾上頭戴蓮瓣冠、身穿長袍之長髯老者，應為道士且其手執物件係麈尾而非燭火。宋代文人向來喜與道士交往並拂琴唱和，故本文採取楊伯達先生之看法。楊伯達，《中國美術全集·工藝美術篇·玉器》（北京，文物出版社，1986），頁 17。

圖七十七、七十八、江西上饒市郊出土宋代人物紋玉帶具飾銙、
鉈尾拓片

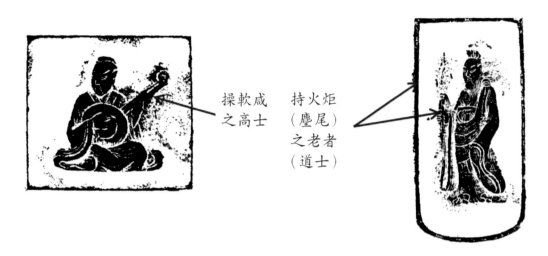

操軟咸
之高士

持火炬
（麈尾）
之老者
（道士）

圖片來源：陳柏泉，〈上饒發現雕刻人物的玉牌飾〉，《文物》，
1964 年 2 期，頁 67～68。

　　檢視趙仲湮墓出土人物紋玉帶具上裝飾母題所建構的意象，充分顯現文
人詩酒唱和之世俗雅性，而非唐代帝王偏好之胡人樂舞；另就其他宋代墓葬
所出土的金質帶具例如：前朝遺臣呂師孟墓中出土金帶具殘件（一件飾以周
文王訪姜子牙故事、其餘為花卉紋、或鴛鴦蓮葉紋）；〔註17〕郭知章墓出土之
金帶具（荔枝紋或稱鬱仙花帶紋）等；〔註18〕其中雖亦出現有如唐代花卉紋
強烈的世俗和寫實性，但是卻充分展現了宋代在金、玉等腰帶裝飾母題上，
異於唐代所特有之時代新風貌。

第三節　元代～清代（1271～1911）

　　元代係純由外族（蒙古）建立的中原正統王朝，在輿服上皇帝配戴「金

〔註17〕 江蘇省文物管理委員會，〈江蘇吳縣元墓清理簡報〉，《文物》，第 11 期（1959），
頁 19～24。

〔註18〕 依《宋史·卷一百五十三·志第一百六·輿服五》記載金帶上紋飾共計：毬
路、鬱仙花、師蠻、海捷、寶藏、天王、八仙、犀牛、寶瓶、雙鹿、行虎、
窪面、戲童、胡荽、鳳子、寶相花和野馬等十七種。劉祿山，〈從北宋郭知章
墓——金禦仙花帶板探究革帶演變〉，《東方收藏》，第 10 期（2012），頁 18
～21。

龍鳳革帶」，百官之公服則爲：「……偏帶，正從一品以玉，或花、或素……」。
〔註19〕玉製腰帶具在元代的階級限制性極高。

　　明代是玉製腰帶具全盛的輝煌時期，其使用十足反映了明代的政治生活
和等級制度。朱元璋建立大明王朝後，即著手整頓前朝舊制禁胡服並下詔衣
冠悉如唐制。〔註20〕但對於玉製腰帶具與使用者身份階級之限制，與前朝相
同皆採高於唐代之規格，除皇室、貴族之外僅准一品文、武官員在著公服、
常服時配帶，紋飾則爲「或花或素」（係指飾塊有無碾琢紋飾）。〔註21〕

　　依據統計明代墓葬出土之玉製腰帶具略有 118 組，其中 65 組爲光素無
紋、38 組碾有紋飾、1 組則紋飾與光素無紋參半、餘 14 組其實際狀況不明。
38 組碾琢紋飾中以龍紋者最多（15 組），其他則分屬動物紋、植物紋、人物
紋等。〔註22〕龍紋雖然肇始於十國高祖王建墓，〔註23〕但之後一直到明代方
再興起，並迅速成爲明代玉帶具飾塊裝飾母題之主流，其展現之絕對階級限
制性更高於唐代；不過除了帝王專屬的龍紋以外，麒麟紋、螭虎紋、獅蠻紋、
靈芝紋、秋葵紋、牡丹紋等，〔註24〕在十足威權體系的控制之下，亦巧妙的
襯以寫實的世俗風情（圖七十九、圖八十）。

〔註19〕 周錫保，《中國古代服飾史》（北京，中國戲劇出版社，1986），頁 355。

〔註20〕 白寧，〈由汪祖興玉帶特點論及明代玉帶規則〉，《南方文物》，第 4 期（1997），
頁 67。

〔註21〕 《明史‧卷六十七‧志第四十三‧輿服三》記載：「……文武官公服。洪武二
十六年定……腰帶：一品玉，或花或素……文武官常服。洪武三年定，凡常
朝視事，以烏紗帽、團領衫、束帶爲公服。其帶，一品玉……」。（清）張廷
玉撰，《明史》，（臺北：洪氏出版社，1977），頁 1636～1637。

〔註22〕 呂欣穎，《明代龍紋玉帶研究》，逢甲大學歷史與文物研究所碩士論文，2014，
頁 48。

〔註23〕 十國中前蜀（947～918）高祖王建墓中出土只餘銙七塊、鉈尾一方、銀扣二、
鞓帶已全腐的玉質大帶一條，由於鉈尾特別博大，不能從銀扣中穿過，故推
論應非實用品而純屬裝飾用途。鉈尾背面刻銘文，記制玉帶的緣由係永平五
年宮中大火，尋得寶玉一圓乃製成大帶。玉大帶上之銙數明顯少於唐制，究
其原因可能係銙的形制增大（唐代飾銙多爲 3 至 4 公分、鉈尾 4 至 5 公分），
而使用者的腰圍有限，不可能隨銙之增大而任意加大，當然在銙數上相對就
必須減少，以此對照墓內王建石造像上所服之帶似亦僅七銙，所以七銙似可
視爲自晚唐、五代以後大帶上飾銙之數。馮漢驥，〈王建墓內出土大帶考〉，
《考古》，第 8 期（1959），頁 436～439。

〔註24〕 孫靜，〈明代玉帶的形制、雕琢工藝及使用制度〉，《新鄉學院學報──社會
科學版》，第 26 卷第 4 期（2012），頁 69～71。

圖七十九、江蘇汪興祖墓出土鑲金玉帶

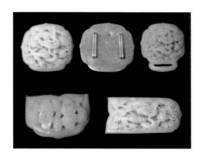

圖片來源：古方，《中國出土玉器全集 7──江蘇、上海》，北
京，科學出版社，2005，圖版 199。

圖八十、江西明益宣王朱翊鈏墓出土玉帶

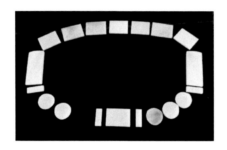

圖片來源：古方，《中國出土玉器全集 9──江西》，北京，科
學出版社，2005，圖版 133。

　　清代冠服等級表現方式是多樣且繁複的，其主要是透過服飾的質料、款
式、顏色、紋樣和飾物等五大要素以具體顯現，詳盡完備和等級森嚴的制度
均為歷代所不及。〔註25〕其中「朝冠」係以材質和飾物區分等級，如文、武
一品其多朝冠用薰貂，頂鏤花金座，中飾東珠一，上銜紅寶石等。「翎子」
則分花翎、藍翎、染藍翎，又有單眼雙服三眼之分，以三眼花翎為貴。「補
服」則以裝飾於前胸和後背「補子」的不同紋飾來區別官位高低，例如：文
一品為仙鶴方補、文二品為錦雞方補等。〔註26〕腰帶則分為朝帶、吉服帶、
行帶、常服帶等四種，材質為絲織物，其色則除從嚴由皇帝所專用的明黃色
之外，「親王以下、宗室以上，皆束金黃帶、覺羅紅帶。其金黃帶、紅帶，
非上賜者，不得給予異姓」，其中除朝帶在版飾及版形（方或圓）有定制外，

〔註25〕嚴勇，〈清代服飾等級〉，《紫禁城》，第 10 期（2008），頁 70～81。
〔註26〕陳娟娟，〈清代服飾藝術〉，《故宮博物院院刊》，第 2 期（1994），頁 81～96。

其餘三種皆「銜珠玉雜寶各從其宜」（多爲金銜玉），文、武官員腰帶並無顏色之規定，但僅一品官可用「鏤金銜玉」腰帶飾（圖八十一）。〔註27〕

清代腰帶之制其重點顯然在「顏色」的管制，雖然帶上嵌飾材料亦有一品、武官員「鏤金銜玉方版四」之規定，但基本上均爲金玉共構型，就此；以「玉」製腰帶具爲重的使用傳承到了清代即戛然而止（圖八十二）。

圖八十一、身穿吉服補掛的清代官員

圖片來源：陳娟娟，〈清代服飾藝〉，《故宮博物院院刊》，1994
年 2 期，圖版四。

圖八十二、清道光太子太保胡文忠，戴兜風、內著行袍、外披斗蓬坐姿畫像

腰帶

圖片來源：周錫保，《中國古代服飾史》，北京，中國戲劇出版
社，1986，頁 474。

〔註27〕周錫保，《中國古代服飾史》，頁 460～461。

小　結

　　綜觀唐代玉製腰帶具其使用制度的影響和傳播，除了統治者偏好的不變因素之外，雖然接續的朝代均已發展出各自獨特的時代風格；不過在中國玉器發展史上，唐代玉製腰帶具仍以其形制與功能演化、身分表徵、工法、裝飾母題、階級性世俗取向等特色，在千年之後持續發出耀眼之光茫，並成爲文物考古探究上的重要議題。

第陸章　結　論

　　張光直在《考古學——關於其若干基本概念和理論的再思考》中曾經談到：

　　　　……對於當代世界來說，考古學的知識也是一種歷史的知識，
　　它描述曾經發生什麼，傳遞古代的價值，並迫使人類思考未來的問
　　題。……如果歷史能給予一種昨天和明天的動感，一種變化的感覺，
　　那麼考古學則非常深刻的描述了人的世界的誕生過程。……[註1]
　　考古文物的出土深切凝聚了上述歷史在時間、空間內所涵攝的知識與意
涵，透過文物的考據、解讀和詮釋，方能感動於先人對於人類歷史文化拓展
與傳承的艱辛貢獻；也唯有透過上述「以古鑑今」理念和思維的傳遞，方能
持續營造人類社會探尋知性與感性願景的動力。

　　本文鑑於玉製腰帶具在唐代玉器工藝中，呈現出中西文化互動、融合的
特殊宏觀意象，乃循序漸進的深入探究其建構過程與延伸的影響。

　　首先在研究方法上以墓葬、窖藏考古出土資料為基底，運用數學統計方
法就玉製腰帶具發展和影響的各種面向，進行量與質的統計分析，試以梳理
和詮釋唐代玉製腰帶具在傳承、演化過程中，所呈現的諸多現象和議題。

　　第貳章開始在形制和功能演化為主軸的前題下，論述唐代以前玉製腰帶
具由單一物件「施鈎之帶」到組裝套件「蹀躞帶」、自實用性開始逐漸轉向
身分表徵的演化過程。其中溫潤瑩白、質樸堅實的傳統「美玉」與具有高度

〔註1〕張光直，《考古學——關於其若干基本概念和理論的再思考》（瀋陽：遼寧教
　　　育出版社，2002），頁 127～128。

物理延展、市場貨幣經濟價值的「黃金」，兩者在演化過程中所建構出「金玉爭輝」的競逐樣態，轉化並奠定唐代玉製腰帶具發展上共容與並存的堅實基底。

探討過程中亦發現「同一墓葬中併存帶鉤和套裝腰帶具」，此種功能重疊或過渡的特殊現象；另就 2012 年山東臨淄範家村墓地的 M270 墓（出土報告推測應為戰國晚期到西漢早期墓葬）所出土被稱為「玉腰帶」的玉片組合，提出或為「特殊過渡型玉衣」組成構件的可能性推論。

第參章內容則分就「量化分析」與「質化分析」進行討論。在「量化分析」部份利用「出土地區分布圖」、「出土地區統計圖」、「歷史分期數量統計圖」、「窖藏、墓葬數量統計圖」等統計圖方式，梳理唐代墓葬和窖藏出土的玉製腰帶具數量，清楚的呈現玉製腰帶具出土集中於長安京畿地區、並以盛唐時期（650～804）出土數量最多、以及「窖藏量」多於「墓葬量」的特殊現象。

在「質化分析」方面，則就紋飾和功能取向兩部份進行分類統計。以「窖藏、墓葬光素或碾紋數量統計圖」，說明唐代玉製腰帶其「光素無紋」多於「碾琢紋飾」，而且不論是「光素無紋」或「碾琢紋飾」，均呈現窖藏量多於墓葬的結果。

以「窖藏、墓葬紋飾類別統計圖」，說明在已「碾琢紋飾」之飾銙和鉈尾上，以「胡人樂舞紋」之數量最多，並逐一討論工法上所出現參差不齊的議題，並配合以圖例比對的方式，試為說明其碾製工法或有來自民間私玉作或域外碾製再傳入之可能性。

「窖藏、墓葬腰帶具結構特徵統計圖」係屬功能取向分析部份，其統計數據亦充份顯現唐代玉製腰帶具，已經具有由實用轉向身分表徵的發展趨勢。

最後以「窖藏、墓葬腰帶具材質統計圖」，概為說明腰帶具「金玉共構」和「純玉質」的兩大材質類型；其中「純玉質」腰帶具的數量又明顯多於「金玉共構」型，這種在數量上所呈現出的差距現象，亦說明純玉質腰帶具在唐代已經發展成為主流的模式。

第肆章則立於上述「量化分析」和「質化分析」基礎上，進行唐代玉製腰帶具在文化功能上變革之探討。

其一；分別運用「唐代腰帶具形制與官等對應統計表」、「文獻上唐代腰帶具形制、材質、銙數對照表」等，藉以探究玉製腰帶具與身分表徵關係確

立之問題；其中「䤻鞢帶」、「起梁帶」、「金玉帶」、「玉帶」等四種腰帶具類型，在適用的功能屬性上似有差異之分，並試以重新界定材質（鑲嵌寶石、金玉共構、純玉質）、與是否具備繫物裝置（穿孔或附環），當為辨識腰帶具名稱之重要基準，其後亦實際對照出土腰帶具的進行分析、驗證和說明。

　　「北周、隋代文獻記載御賜腰帶具統計表」，則是說明附環型腰帶具或以「金帶」之形式盛行於唐代以前，唐代以後則「金玉帶」、「玉帶」逐漸成為主流模式；至於域外出土的「金質帶具」，則依其地域性研判似僅流行於域外屬國，而鮮少及於中土地區，究其原因或與唐代向以「金帶」做為四夷服飾賞賜的慣例有關。

　　最後則以玉製腰帶具供需狀況作為議題，分自唐代官爵與使用玉製腰帶具身份對應關係、官員法定俸祿與玉料來源匱乏等諸多面向，分析、推論朝廷或於玉帶來源不足無法充足供應（或為墓葬出土量少於窖藏的重要因素）、百官亦無力自行添購的供需失調困境之下，或沿襲隋代以帝王以金帶作為犒賞臣屬之作法（依據官員特殊表現或軍功為基準），權變的平衡了玉製腰帶具使用在律令與實務上之衝突和不足，這種變革的重點不僅適時填補了供需失衡的窘狀，更深化了帝王攏絡和控制臣屬的作用。

　　其二；分就玉製腰帶具飾塊上花卉、獅紋、胡人樂舞、其他人物紋等裝飾母題，論述其在階級性世俗取向的特殊社會化現象，並且附帶說明在金銀工藝高度發達的唐代，腰帶具在材質選用上雖然面臨「金」「玉」爭輝和分庭抗禮的局勢，但是「玉」製腰帶具依舊脫穎而出，不僅躍升為廟堂之上身分階級之表徵，並成為維護中土傳統「崇玉」文化的菁英器物。

　　其三；以胡風盛行與西域樂舞輸入、帝王樂舞偏好的推動與發展等議題，深入探討並說明玉製腰帶具飾塊上，胡人樂舞裝飾母題風行的獨特意象；並歸納推論來自於帝王對於胡人樂舞之偏好，係造就胡人樂舞裝飾母題脫穎而出的主因，而統計數據中胡人樂舞紋飾塊密集出土於關中長安京畿地區帝王、權貴聚居之地的現象說明和佐證。

　　第五章則略述唐代玉製腰帶具的傳播與影響；文中例舉內蒙古敖漢旗薩力巴鄉被盜擾的遼代（契丹民族）早期墓葬，所出土類似延續唐代胡人樂舞裝飾母題風格的玉帶殘件，說明由外來民族所建立的遼代政權，亦不避晦的將具有濃烈中土色彩的玉製腰帶具，納入高等官僚體系充作制式的服裝佩飾，甚至經由帝王對貴族、功臣賞賜的途徑，成為遼代貴族墓葬（素以金帶

爲重器）中陪葬的另類菁英器物。

　　明代則是繼唐代之後使用玉製腰帶具的另一個高峰時期，其對於玉製腰帶具與使用者身分階級之規範，雖然採取更高於唐代之規格限制，但對於裝飾母題則除了皇室專屬的龍紋之外，出現麒麟紋、靈芝紋、秋葵紋、牡丹紋等多樣的紋飾，其顯示在十足威權體系之下，仍然巧妙融入寫實性的世俗風情。

　　清代時期則因爲身分表徵器物與材質多元化的變革，自唐代以降使用「美玉」作爲腰帶具主要材質的傳承遂戛然終止。

　　大唐帝國在玉製腰帶具上所匯集的諸多裝飾母題，十足印證了其多元文化融合的世俗風貌，以及恢宏的文化包容風範與氣度；究其逐步建構形成身分表徵、階級性世俗取向、胡人樂舞裝飾母題等獨特意象，最大的助力始終來自於歷任帝王的加持和推波助瀾，然而也因爲帝王對於胡人樂舞之過度偏好，表面上雖然營造出一片歌舞昇平的盛世風貌；到了盛唐玄宗中後時期，終於因爲過度寵信擅長胡旋舞的蕃將安祿山和楊貴妃，讓奢靡無度的生活亂象導致朝廷與社會紛紛出現上行下效的歪風，終致動搖國本而兵禍相連，並將大唐盛世推入萬劫不復的覆亡命運。

　　本文以玉製腰帶具爲主軸，探討其在唐代玉器文化中所建構的變革議題，不僅突顯「金」「玉」在物質領域中「分」「合」的樣態，更充足反應了中國朝代更替與歷史文化「合久必分」「分久必合」的演化規律。以歷史解讀文物、用文物詮釋歷史；這種信念正如張光直在考古學上所秉持「傳遞古代價值，思考人類未來」的信念和願景；本文亦從唐代玉製腰帶具的「興、替、起、落」的探究之間，額外獲得「以古鑑今」的歷史省思，這也應是在文物研究領域中豐碩的附加收穫。

參考文獻

【史料、文獻】（按朝代排列）

1. （唐）令狐德棻，《周書》，臺北：洪氏出版社，1977。
2. （唐）魏徵等，《隋書》，臺北：洪氏出版社，1977。
3. 楊家絡，《新較本舊唐書》，臺北：鼎文書局，1979。
4. （宋）歐陽修、王祁，《新唐書》，臺北：洪氏出版社，1977。
5. （唐）杜佑，《通典》，臺北：新興書局，1963。
6. （宋）王溥，《唐會要》，（日本）京都：中文出版社，1978。
7. （五代）王仁裕等撰、丁如明輯校，《開元天寶遺事十種》，上海：上海古籍出版社：中華書局，1985。
8. （唐）段成式撰、曹宗夫校點，〈酉陽雜俎〉，上海古籍出版社編，《唐五代筆記小說大觀》，上海：上海古籍出版社，2000。
9. （宋）李昉，《太平廣記五百卷》，臺北：中華書局，1961。
10. （宋）王讜，《唐語林》，臺北：世界書局，2009。
11. （唐）李德裕等編，〈安祿山事蹟〉，《唐開元小說》，臺北：廣文書局，1976。
12. （唐）鄭處誨撰，〈明皇雜錄〉，《唐·五代筆記小說大觀》，上海：上海書局，2000。
13. （元）脫脫等撰，《遼史》，臺北：洪氏出版社，1974。
14. （宋）司馬光編、（元）胡三省注，《資治通鑑》，北京：中華書局出版，1996。
15. （清）張廷玉撰，《明史》，臺北：洪氏出版社，1977。

【中文專書】（按筆畫排列）

1. 丁學芸，〈布圖木吉金帶飾及其研究〉，內蒙古文物考古研究所，《內蒙古文物考古文集第二輯》，北京：中國大百科全書出版社，1997 年，頁 463～473。

2. 中國玉器編輯委員會，《中國玉器全集——隋唐》，河北：河北美術出版社，1993。

3. 中國舞蹈藝術學研究會、舞蹈史研究組，《全唐詩中的樂舞資料》，北京：人民音樂出版社，1996。

4. 內蒙古自治區文物考古研究所等編，〈遼陳國公主墓〉，北京：文物出版社，1993。

5. 王仲犖遺著，《金泥玉屑叢考》，北京：中華書局，1998。

6. 王仁湘，〈四千年前中國人的繫衣束帶方式〉，《中國史前考古論集》，北京：科學出版社，2003，頁 344～354。

7. 王國維，《觀堂集林》，北京：河北教育出版社，2001。

8. 古方，《中國出土玉器全集 6——安徽》，北京：科學出版社，2005。

9. 古方，《中國出土玉器全集 7——江蘇、上海》，北京，科學出版社，2005。

10. 古方，《中國出土玉器全集 9——江西》，北京，科學出版社，2005。

11. 石興邦，〈良渚文化研究的過去、現狀和展望——紀念良渚文化發現六十週年學術討論會小結〉，《良渚文化研究——紀念良渚文化發現六十週年國際學術討論會論文集》，北京：科學出版社，1999，頁 1～11。

12. 朱國忱、張泰湘等，〈唐代渤海文化初探〉，《中國考古集成東北卷·兩晉至隋唐（三）》北京：北京出版社，1997。

13. 向達，《唐代長安與西域文明》，河北：河北教育出版社，2001。

14. 牟永抗、雲希正，《中國玉器全集——原始社會》，河北：河北美術出版社，1992。

15. 呂一飛，《胡族習俗隋唐風韻——魏晉南北朝北方少述民族社會風俗及其對隋唐之影響》，北京：書目文獻出版社，1994。

16. 李大華、李剛、何建明，《隋唐道家與道教·上冊》，廣東：廣東人民出版社，2003。

17. 沈重文，《中國古代服飾研究》，上海：上海書店出版社，2002。

18. （日）岸成邊雄著、梁在平、黃志炯譯，《唐代音樂史的研究·下》，臺北：中華書局，1973。

19. 周汛、高明春，《中國古代服飾大觀》，重慶：重慶出版社，1994。

20. 周紹良，《全唐文新編》，成都：吉林出版社，2000。

21. 周錫保，《中國古代服飾史》，北京：中國戲劇出版社，1986。

22. 奕秉璈，《古玉鑑別—下》，北京：文物出版社，2008。

23. 俞爲潔，〈良渚人的人體裝飾品及衣冠服飾初考〉，《良渚文化研究——紀念良渚文化發現六十週年國際學術討論會論文集》，北京：科學出版社，1999，頁 253～263。

24. 負安志，〈中國北周珍貴文物〉，西安：人民美術出版社，1993。

25. 陳衛平，《中國歷史地圖大圖鑑・上冊・原始時代——唐代》，臺北：天衛文化圖書公司，2009。

26. 馬冬，〈唐朝對四夷服飾賞賜研究〉，榮新江，《唐研究第十四卷》，北京：北京大學出版社，2008，頁 573～600。

27. 馬冬，〈鞊鞢帶綜論〉，四川大學中國藏學研究所編，《藏學學刊第 5 輯》，四川：四川大學出版社，2009，頁 105～113。

28. 孫機，〈中國古代的帶具〉，《中國古輿服論叢增訂本》，北京：文物出版社，2001，頁 253～292。

29. 孫機，〈東周、漢、晉腰帶用金銀帶扣〉，《中國聖火》，遼寧：遼寧出版社，1996，頁 64～86。

30. 納春英，《唐代服飾時尚》，北京：中國社會科學出版社，2009。

31. 陝西歷史博物館，《陝西歷史博物館二十年文集》，西安：三秦出版社，2011。

32. 許俊昌主編，《敦煌壁畫分類作品選・人物卷・下》，南昌：江西美術出版社，2010。

33. 常素霞，《中國玉器圖譜——下》，北京：金城出版社，2013。

34. 敦煌研究院編，《敦煌壁畫線描百圖》，上海：上海古籍出版社，2004，頁 94。

35. 張光直，《考古學—關於其若干基本概念和理論的再思考》，瀋陽：遼寧出版社，2002。

36. 張亞強，〈內蒙左旗王家灣遼代遺址〉，中國考古學會編，《中國考古學年鑑 2012》，北京：文物出版社，2012。

37. 張國剛，《唐代官制》，陝西：三秦出版社，1987。

38. 陳茂同，《中國歷代衣冠服飾志》，河北：河北教育出版社，2001。

39. 楊伯達，《中國美術全集・工藝美術篇・玉器》，北京，文物出版社，1986。

40. 楊志謙等，《唐代服飾資料選》，北京：北京市工藝美術研究所，1979。

41. 楊家駱，《元白詩箋證稿第五集——元氏長慶詩集》，臺北：世界書局出版，1975。

42. 賈嫚，《唐代長安樂舞研究——以西安地區出土文物樂舞圖像爲中心》，

北京：中國社會科學出版社，2014。

43. 寧夏文物考古研究所、吳忠市文物管理所，《吳忠西郊唐墓》，北京：文物出版社，2006。

44. 齊東方，〈唐代金銀器研究〉，北京：中國社會科學出版社，1999。

45. 齊東方，〈何家村遺寶的埋藏地點和年代〉，陝西歷史博物館，《花舞大唐村──何家村遺寶精粹》，北京：文物出版社，2003，頁 11～16。

46. 劉雲輝，《北周隋唐京畿玉器》，重慶：重慶出版社，2000。

47. 劉健明，〈論今本《順宗實錄‧陸贄傳》及《舊唐書‧陸贄傳》的史源〉，中國唐代學會編輯委員會，《第二屆國際唐代學術會議論文集‧下‧史學》，臺北：文津出版社，1993，頁 1325～1350。

48. 劉雲輝，〈唐代玉帶考〉，《中國隋唐至清代玉器學術研討會論文集》，上海：上海古籍出版社，2002，頁 140～152。

49. 劉慶柱，〈唐代玉器的考古發現與研究〉，鄧聰，《東亞玉器第二冊》，香港：中國考古藝術研究中心，頁 165～179。

50. 榮新江〈何家村窖藏與唐長安的物質文化〉，陝西歷史博物館，《陝西歷史博物館二十文集》，西安：三秦出版社、2011，頁 82～92。

51. 鄭同修、崔大庸，〈考古發現的玉覆面及相關問題〉，《中國玉文化玉學論叢‧四編‧下》，北京：紫禁城出版社，2006，頁 764～785。

52. 榮新江，《隋唐長安：性別、記憶及其他》，香港：三聯書店，2009。

53. 葛承庸，〈天下之財富‧邦國之寶貨──何家村出土珍寶與唐代國庫之關係〉，陝西歷史博物館，《陝西歷史博物館二十文集》，西安：三秦出版社、2011，頁 28～34。

54. 廣州西漢南越王墓博物館，《南越王墓玉器》，廣州：南越王墓博物館，1991。

55. 翟春玲，〈試析唐代樂舞的發展〉，西安市文物保護考古所，《西安文物考古研究》，西安：陝西人民出版社，2004，頁 254～265。

56. 蔣衛東〈良渚玉器的原料和制琢〉，《良渚文化研究──紀念良渚文化發現六十週年國際學術討論會論文集》，北京：科學出版社，1999，頁 183。

57. 鄧淑蘋，〈從「西域國手」與「專諸巷」論南宋在中國玉雕史上的關鍵意義〉，北京大學，《考古學集刊（九）》，北京：文物出版社，2012，頁 408～456。

58. 蔡鴻生，〈唐代九性胡與突厥文化〉，北京：中華書局，1998。

59. 冀東山，《神韻與輝煌──陝西歷史博物館國寶鑑賞──唐墓壁畫卷》，北京：三秦出版社，2006。

60. 魏國忠、朱國忱、郝慶雲，《渤海國史》，中國社會科學出版社、2006。

61. 羅森（Jessica Rawson）著，孫心菲等譯，《中國古代的藝術與文化》，北京：北京大學出版社，2002。

62. 欒豐實、方輝、靳桂雲，《考古學理論・方法・技術》，北京：文物出版社，2002。

【外文專書】

1. （日）原田淑人，《唐代の服飾》，東京：財團法人東洋文庫，昭和 45 年（1970）。

2. Jessica Rawson, "Ornaments Tang To Qing Dynasty,7th──18th Century AD" Chinese Jade From The Neolithic To The Qing（Landon:British Museum Press,1995）

【期刊論文】（按筆畫排列）

1. 山東省文物考古研究所，〈山東臨沂洗硯池晉墓〉，《文物》，2005 年第 7 期，頁 4～37。

2. 中國科學院考古研究所西安唐城發掘隊，〈唐代長安城考古紀略〉，《考古》，1963 年第 11 期，頁 595～611。

3. 丹徒縣文教局，〈江蘇丹徒丁卯橋出土唐代銀器窖藏文物〉，《文物》，1982 年 11 期，頁 15～24。

4. 內蒙古文物考古研究所，〈遼耶律羽之墓發掘簡報〉，《文物》，1996 年 1 期，頁 26～31。

5. 王小迎、束家平，〈揚州發現隋故煬帝及夫人墓〉，《大眾考古》2013 年 6 月，考快照。

6. 王仁湘，〈古代帶鉤用途考實〉，《文物》，1982 年第 10 期，頁 75～81。

7. 王仁湘，〈帶鉤概論〉，《考古學報》，1985 年 3 期，頁 267～311。

8. 王仁湘，〈帶鉤略論〉，《文物》，1982 年第 10 期，頁 65～75。

9. 王允軍，〈遼寧省康平縣遼墓發掘簡報〉，《考古與文物》，2010 年第 4 期，頁 71～74。

10. 王自立，〈西安西郊出土唐玉帶圖像考〉，《文物》，2013 年 8 月，頁 62～69。

11. 王自立、張全民，〈西安西郊出土的唐代玉帶〉，《考古與文物》，1992 年第 5 期，頁 46～50。

12. 王斌，〈遼代玉帶初步研究〉，《滄桑》，2009 年 1 月，頁 19～21。

13. 王鈞鋒，〈西安地區出土玉器述要〉，《中原文物》，2011 年第 3 期，頁 76～84。

14. 王蕾,〈唐宋時期的花朝節〉,《華夏文物》,2003 年 4 月,頁 194。

15. 王繼紅、呂硯,〈玉皇廟文化青銅帶鉤研究《上》〉,《文物春秋》,2013 年第 6 期,頁 7～15。

16. 王繼紅、呂硯,〈玉皇廟文化青銅帶鉤研究《下》〉,《文物春秋》,2014 年第 4 期,頁 3～9。

17. 王繼娜,〈關於中國舞獅起源與發展的初步探討〉,《體育科學研究》,2005 年 9 月,第 9 卷第 3 期,頁 29。

18. 王光青,〈西安發現唐代樂舞玉帶銙〉,《文博》,1993 年《玉器研究專刊》增刊 2 號,頁 78～81。

19. 舟萬里,〈唐代金銀器社會角色的文化詮釋〉,《西北大學學報・哲學社會科學版》,2009 年 7 月,第 39 卷第 4 期,2009,頁 52～58。

20. 包燕麗,〈胡人玉帶圖像考〉,《上海博物館集刊》,2002 年第 9 期,頁 469～484。

21. 田立坤,〈朝陽前燕奉車都尉墓〉,《文物》,1994 年第 11 期,頁 33～37。

22. 田衛麗,〈淺談何家村出土醫藥文物與唐代道教外丹術的發展〉,《文博》,2015 年第 3 期,頁 42～46。

23. 申秦雁,〈唐代金銀器鑑賞系列之三：賞賜金銀器,君臣關係的論潤滑劑〉,《藝術市場》,2008 年第 10 期,頁 76～77。

24. 白寧,〈由汪祖興玉帶特點論及明代玉帶規則〉,《南方文物》,1997 年第 4 期,頁 63～69。

25. 左安秋,〈《太平廣記》中胡人識寶故事的型態結構分析〉,《韶關學院學報・社會科學》,第 37 卷第 3 期,2016 年 3 月,頁 52～56。

26. 吉林省文物考古研究所,〈吉林永吉查裡巴靺鞨墓地〉,《文物》,1995 年 9 期,頁 43～45。

27. 吉林省文物考古研究所等,〈吉林和龍市龍海渤海王室墓葬發掘簡報〉,《考古》,2009 年 6 期,頁 23～39。

28. 西安市文物保護考古所,〈西安東郊溫綽、溫思暕墓發掘簡報〉,《文物》,2002 年第 12 期,頁 37～49。

29. 安志敏、安家瑗,〈中國早期黃金製品的考古學研究〉,《考古學報》,2003 年 3 期,頁 291～309。

30. 安鄉縣文物管理所,〈湖南安鄉西晉劉弘墓〉,《文物》,1993 年第 11 期,頁 1～12。

31. 江蘇省文物管理委員會,〈江蘇吳縣元墓清理簡報〉,《文物》,1959 年

32. 第 11 期,頁 19～24。

33. （韓）金錫佑,〈唐代百姓勳官考〉,《東方論檀》,2004 年第 6 期,頁 89

～93。

34. 何偉、李卓,〈略論寧夏地區唐代中小型墓葬分期〉,《華夏考古》,2015 年第 3 期,頁 94～104。

35. 吳亞芹、王瑞青,〈內蒙古科左中旗小努日木遼墓〉,《北方文物》,2004 年第 3 期,頁 32～35。

36. 吳沫,〈遼代玉蹀躞帶的特徵分析及其文化探源〉,《赤峰學院學報——漢文哲學社會科學版》第 34 卷第 7 期,2013 年 7 月,頁 13～18。

37. 吳雅琴、李鐵軍,〈扎魯特旗出土遼代器物〉,《內蒙古文物考古》,2001 年第 2 期,頁 96～97。

38. 呂建昌,〈論歷史上的食玉之風〉,《學術月刊》,2004 年 2 月,頁 66～72。

39. 李怡,〈唐代官員常服腰帶制度考辨〉,《服飾專刊》,2013 年 3 月第 1 期,頁 27～33。

40. 李厚志,〈紫陽縣發現北朝樂舞伎銅飾〉,《考古與文物》,1989 年第 1 期,頁 55。

41. 李建緯,〈唐代金銀飾品研究：以性別與裝飾功能為中心〉,《史物論壇第十六期》,2013 年 6 月,頁 63～64。

42. 李建緯,〈中外交流與品味變異之軌跡——中國早期黃金焊珠工藝初探〉,國立歷史博物館,《史物論壇》,2009 年 12 月,頁 65～66。

43. 李銀德,〈徐州出土西漢玉面罩的復原研究〉,《考古與文物》,1993 年 4 期,頁 46～49。

44. 辛明偉、李振奇,〈河北清河丘家那唐墓〉,《文物》,1990 年 7 期,頁 47～54。

45. 尚民傑、王自立,〈唐大盈庫與瓊林庫〉,《考古與文物》,2004 年第 6 期,頁 81～85。

46. 金申,〈談胡人獻寶圖的起源〉,《收藏家》,1996 年第 6 期,頁 31～35。

47. 岳純之,〈歷史教學〉,2001 年 4 期,頁 10～13。

48. 林移剛,〈獅子入華考〉,《民俗研究》,2014 年第 1 期,頁 68～74。

49. 河南省文物研究所,〈陝縣棗園姚懿墓發掘報告〉,《華夏考古》,1987 年 1 期,頁 126～137。

50. 昭陵博物館,〈唐昭陵李勣墓清理簡報〉,《考古與文物》,2000 年第 3 期,頁 3～14。

51. 昭陵文物管理所,〈唐尉遲敬德墓發掘簡報〉,《文物》,1978 第 5 期,頁 20～25。

52. 侯世新,〈胡人的變遷及其對東西文化交流的促進〉,《文博》,2010 年第 3 期,頁 9～10。

53. 侯曉斌，〈唐代獅子紋樣與相關活動略考〉，《文博》，2004 年第 2 期，頁 43～49。

54. 南京市博物館，〈南京大光路孫吳薛秋墓發掘簡報〉，《文物》，2008 年第 3 期，4～15。

55. 負安志，〈陝西長安縣南王裡村與咸陽飛機場出土大量隋唐珍貴文物〉，《考古與文物》，1993 年 1 期，頁 45～52。

56. 夏鼐，〈近年中國出土的薩珊朝文物〉，《考古》，1978 年 2 期，頁 111～116。

57. 孫機，〈唐代婦女的服裝與化妝〉，《文物》，1984 年第 4 期，頁 65～68。

58. 孫機，〈論近年內蒙古出土的突厥與突厥式金銀器〉，《文物》，1993 年 8 期，頁 48～57。

59. 孫靜，〈明代玉帶的形制、雕琢工藝及使用制度〉，《新鄉學院學報──社會科學版》，2012 年 8 月，第 26 卷第 4 期，頁 69～71。

60. 孫鐵山、張海雲，〈西安硫酸廠唐墓發掘簡報〉，《文博》，200 年第 5 期，頁 9～23。

61. 徐州博物館，〈徐州韓山西漢墓〉，《文物》，1997 年 2 期，頁 26～42。

62. 徐英，〈西域樂舞東漸的歷史條件──民族藝術研究的一種史學視角〉，《內蒙古大學藝術學院學報》，2004 年 9 月，第 1 卷第 1 期，頁 43～46。

63. 翁牛特旗文化館、昭烏達盟文物工作站，〈內蒙古解放營子遼墓發掘簡報〉，《考古》，1979 年 4 期，頁 330～334。

64. 陝西省文物管理委員會，〈西安羊頭鎮唐李爽墓的發掘〉，《文物》，1959 年 3 期，頁 43～53。

65. 陝西省考古研究所，〈西安市長安區晚唐時期令狐家族墓葬發掘簡報〉，《文博》，2011 年 5 期，頁 15～22。

66. 陝西省文物管理委員會，〈西安郭家灘隋姬威墓清理簡報〉，《文物》，1959 年第 8 期，頁 4～7

67. 陝西省文物管理委員會，〈唐永泰公主墓發掘簡報〉，《文物》，1964 年 1 期，頁 7～33。

68. 陝西省考古研究所，〈北周武帝孝陵發掘簡報〉，《考古與文物》，1997 年第 3 期，頁 8～28。

69. 陝西省法門寺考古隊，〈扶風法門寺塔唐代地宮發掘簡報〉，《文物》，1988 年第 10 期，頁 1～26。

70. 陝西省博物館，〈唐李壽墓發掘簡報〉，《文物》，1974 年 9 期，頁 71～89。

71. 陝西省博物館、文管會、革委會寫作小組，〈西安南郊何家村發現唐代窖藏文物〉，《文物》，1972 年第 1 期，頁 30～42。

72. 陝西省考古研究院，〈西安南郊傅村隋唐墓發掘簡報〉，《考古與文物》，2010 第 3 期，頁 7～21。

73. 馬冬，〈唐朝官服「異文」與「陵陽公樣」〉，《西域研究》，2008 年第 2 期，頁 68～71。

74. 陳娟娟，〈清代服飾藝術〉，《故宮博物院院刊》，1994 年 2 期，頁 81～96。

75. 張天虹，〈再論唐代長安人口的數量問題──兼評近 15 年來有關唐長安人口研究〉，《唐都學刊》，2008 年 5 月，第 24 卷第 3 期，頁 11～14。

76. 張正嶺，〈西安韓森寨唐墓清理記〉，《考古》，1957 年 5 期，頁 57～62。

77. 張柏忠，〈內蒙古科左中旗六家子鮮卑墓群〉，《考古》，1989 年第 5 期，頁 430～438。

78. 張振謙，〈宋代文人與道士交往的方式與原因〉，《貴州大學學報──社會科學版》，2010 年 7 月，第 28 卷第 4 期，頁 108～112。

79. 張澤瑩，〈淺談歷代玉雕飛天的分期與特點〉，《文物春秋》，2000 年第 6 期，頁 57～61。

80. 張禎，〈目前發現入華胡人石質葬具圖像中反應的酒文化〉，《文博》，2010 年第 3 期，頁 38～45。

81. 敖漢旗文化館，〈敖漢旗李家營子出土的金銀器〉，《考古》1978 年 2 期，頁 5～46。

82. 曹喆，〈唐代平巾幘之服考證〉，《紡織學報》，第 29 卷第 1 期，2008 年 1 月，頁 102～106。

83. 梁鄭平，〈玉帶板初探〉，《中原文物》，2000 年第 5 期，頁 43～44。

84. 梁子、程雲霞，〈何家村窖藏：製作機構及其世界性意義〉，《西北大學學報（哲學社會科學版）》，第 46 卷第 1 期，2016 年 1 月，頁 32～37。

85. 郭文魁，〈和龍渤海古墓出土的幾件金飾〉，《文物》，1978 年 8 期，頁 41～47。

86. 陳柏泉，〈上饒發現雕刻人物的玉牌飾〉，《文物》，1964 年 2 期，頁 67～68。

87. 陶正剛，〈山西平魯出土一批唐代金鋌〉，《文物》，1981 年 4 期，頁 117～118。

88. 朝陽地區博物館，〈北遼寧朝陽發現北燕、北魏墓〉，《考古》，1985 年第 10 期，頁 915～929。

89. 程越，〈古代和闐玉向內地輸入綜略〉，《西域研究》：1996 年 3 期，頁 36～42。

90. 馮漢驥，〈王建墓內出土大帶考〉，《考古》，1959 年第 8 期，頁 436～439。

91. 黃翠梅、李建緯，〈金玉同盟──東周金器和玉器之裝飾風格與角色轉

變〉,《中原文物》,2007 年第 1 期,頁 42〜58。

92. 楊伯達,〈中國史前玉文化板塊論〉,《故宮博物院院刊》,2005 年 4 期,頁 6〜24。

93. 楊軍昌等,〈唐代金珠工藝製品:出土文物顯微觀察與材質特徵〉,《文博》,2014 年第 4 期,頁 79〜84。

94. 楊瑾,〈唐墓壁畫中的胡人形象〉,《文博》,2011 年第 3 期,頁 35〜40。

95. 獅子山楚王陵考古發掘隊,〈徐州獅子山西漢楚王陵發掘簡報〉,《文物》,1998 年 8 期,頁 1〜33。

96. 趙小華,〈唐玄宗時期的音樂與政治關係芻論〉,《華南師範大學學報──社會科學版》,2010 年第 3 期,頁 97〜103。

97. 齊東方,〈唐代的喪葬觀念習俗與禮儀制度〉,《考古學報》,2006 年第 1 期,頁 59〜78。

98. 齊東方,〈略論西安地區發現的唐代雙室磚墓〉,《考古》,1990 年第 9 期,頁 858〜862。

99. 劉思哲,〈西安何家村唐代窖藏九環玉帶製作時代考〉,《考古與文物》,2013 年第 4 期,頁 95〜99。

100. 劉思哲,〈隋煬帝墓發現的十三環蹀躞金玉帶及相關問題研究〉,《考古與文物》,2015 年第 5 期,頁 69〜73。

101. 劉海峰,〈論唐代官員俸料錢的變動〉,《中國社會經濟史研究》,1985 年 2 月,頁 18〜29。

102. 劉雲輝,〈唐竇皦與其玉帶考〉,《歷史文物》,1999 年 2 期,頁 18〜22。

103. 劉祿山,〈從北宋郭知章墓──金鬱仙花帶板探究革帶演變〉,《東方收藏》,2012 年第 10 期,頁 18〜21。

104. 廣州象崗漢墓發掘隊,〈西漢南越王墓發掘初步報告〉,《考古》,1984 年 3 期,頁 222〜230。

105. 蔣方錫,〈西安郭家灘唐墓清理簡報〉,《考古通訊》,1956 年 6 期,頁 51〜53。

106. 鄧淑蘋,〈中國古代玉器文化三源論〉,《中華文物學會年刊》,臺北:中華文物學會,1995,頁 44〜58。

107. 鄧淑蘋,〈兩件具國際爭議性玉杯的研究〉,國立故宮博物院,《故宮學術季刊》,2015 年第三十三卷第一期,頁 211〜228。

108. 鄧淑蘋,〈晉、陝出土東夷系玉器的啟示〉,《考古與文物》,1995 年第 5 期,頁 15〜27。

109. 鄧淑蘋,〈探索歷史上的中亞玉作〉,國立故宮博物院,《故宮學術季刊》,2016 年第三十三卷第三期春季號,頁 1〜78。

110. 鄧寶學、孫國平、李宇峰，〈遼寧朝陽遼趙氏族墓〉，《文物》，1983 年 9 期，頁 30～38。

111. 鄭旭生，〈鎏金銅鰈鞢十事〉，《金日民航》，2009 年 11 月，頁 84～85。

112. 黎瑤渤，〈遼寧北票縣西官營子北燕馮素弗墓〉，《文物》，1973 年第 3 期，頁 2～19。

113. 盧兆蔭，〈南越王墓玉器與滿城漢墓玉器比較研究〉，《考古與文物》，1998 年 1 期，頁 43～49。

114. 盧兆蔭，〈試論兩漢的玉衣〉，《考古》，1981 年 1 期，頁 51～58。

115. 盧兆蔭，〈從考古發現唐代的金銀進奉之風〉，《考古》，1983 年 2 期，頁 174～175。

116. 盧兆蔭，〈漢代貴族婦女喜愛的佩玉——玉舞人〉，《收藏家》，1996 年第 3 期，頁 4～7。

117. 盧兆蔭、古方，〈略論唐代仿金銀器的玉石器皿〉，《文物》，2004 年第 2 期，頁 77～85。

118. 遼寧省博物館文物隊，〈朝陽袁台子東晉壁畫墓〉，《文物》，1984 年第 6 期，頁 29～45。

119. 臨沂地區文物組，〈山東臨沂西漢劉疵墓〉，《考古》，1980 年 6 期，頁 493～495。

120. 臨淄市臨淄區文物局，〈山東臨淄範家村墓地 2012 年發掘簡報〉，《文物》，2015 年 4 期，頁 9～27。

121. 謝貴安，〈從《唐實錄》體裁看實錄體的特徵與地位〉，《長江大學學報——社會科學版》，第 29 卷第 5 期，2006 年 10 月，頁 29～35。

122. 韓建武，〈西安何家村唐代窖藏寶石玉器〉，《收藏家》：2001 年 3 期，頁 6～13。

123. 韓建武，〈陝西出土的唐代玉石器及相關問題〉，《上海文博論叢》，2005 年第 1 期，頁 8～23。

124. 韓偉，〈法門寺地宮唐代隨真身衣物帳考〉，《文物》，1991 年第 5 期，頁 27～37。

125. 蘇秉琦，〈關於考古學文化的區系類型問題〉，《文物》，1991 年 5 期，頁 10～17。

126. 嚴勇，〈清代服飾等級〉，《紫禁城》，2008 年 10 期，頁 70～81。

【博士、碩士論文】

1. 李建緯，〈先秦至漢代黃金製品工藝與身體技術研究——兼論其所反應的文化交流與身份認同問題〉，國立台南藝術大學藝術創作理論研究所博士

論文，2010。

2. 王文，《唐代花卉文化研究》，華中師範大學碩士學位論文，2014。

3. 田倩平，《唐代玉器研究》，國立台南藝術大學藝術史與藝術評論所碩士論文，2013。

4. 呂欣穎，《明代龍紋玉帶研究》，逢甲大學歷史與文物研究所碩士論文，2014。

5. 滕亞秋，《契丹帶飾研究──以蹀躞帶爲中心》，遼寧師範大學碩士論文，2010。

6. 趙寬，《唐代官員隱性收入問題研究》，四川師範大學碩士學位論文，2012。